考虑面板刚度和加筋材料沉降的加筋土挡墙离心模型试验

郑召典　郑昱明　崔淑梅

著

中国建筑工业出版社

图书在版编目（CIP）数据

考虑面板刚度和加筋材料沉降的加筋土挡墙离心模型试验 / 郑召典，郑昱明，崔淑梅著. — 北京：中国建筑工业出版社，2019.11

ISBN 978-7-112-24316-7

Ⅰ.①考… Ⅱ.①郑…②郑…③崔… Ⅲ.①加筋土挡土墙—离心模型—土工试验—研究 Ⅳ.① U417.1

中国版本图书馆 CIP 数据核字（2019）第 216668 号

责任编辑：易　娜
责任校对：王　瑞

考虑面板刚度和加筋材料沉降的加筋土挡墙离心模型试验
郑召典　郑昱明　崔淑梅　著
　　　*
中国建筑工业出版社出版、发行（北京海淀三里河路9号）
各地新华书店、建筑书店经销
北京点击世代文化传媒有限公司制版
北京建筑工业印刷厂印刷
　　　*
开本：787×1092毫米　1/16　印张：8¾　字数：198千字
2019年10月第一版　2019年10月第一次印刷
定价：48.00元
ISBN 978-7-112-24316-7
（34818）

目 录

符号

符号

a, b——常数，其值可以通过常规三轴压缩试验确定。$1/a$ 为初始切线模量 E_t，$1/b$ 为最终的主应力差

a_c——Coriolis 加速度

a_r——加筋条的横截面积

$[B]$——应变位移矩阵

b——加强条的宽度

b_1, b_2——常数，分别等于 $\dfrac{1}{k_1}$ 和 $\dfrac{1}{\tau_{ult}}$。k_1 为单位剪切面积的初始切线剪切刚度，τ_{ult} 为剪切应力的最终值

C_c——曲率系数

C_u——均匀系数

c——黏聚力

c_a——界面附着力

c_{comp0}——附加黏聚力

c_{comp1}——复合材料的附加黏聚力

$[c]_i$——本构矩阵

c_n——界面黏聚力

c_v——固结系数

c_{vm}——模型中的固结系数

c_{vp}——原型中的固结系数

d——总位移矩阵

R_c——模型的有效离心半径

R_f——失效率（$R_f = b \, (\sigma_1 - \sigma_3)_{fail}$）

R_{f1}——与极限剪切应力—界面上的破坏应力相关的失效率

R_T——加筋材料的最大允许拉伸应力

R_t——离心机中心至模型顶部的半径

r_d——干重度

r_{dmax}——最大干重度

r_o——模型底部 h_m 处发生的最大超越应力与原型相应深度处的应力比值

r_u——模型 $\dfrac{1}{2} h_i$ 深度处发生的最大欠缺应力与原型深度处应力的比值

S_v——土的主动区水平厚度

r_w——水的重度

T_{al}——单位宽度加筋的允许拉力

$T_{a(n)}$——加筋的设计强度

$T_{cl(n)}$——加筋的标准强度

T_{max}——加筋材料的最大张力

$T_{ultcocc(n)}$——通过 NCMA 测试确定的加筋材料的极限连接强度

T_v——固结度

t——加筋条的厚度；时间

U_e——弹性应变能

$\{d\}$——单元位移矢量或单元自由矢量

E——杨氏弹性模量

E_r——加筋材料的弹性模量

e——初始孔隙比

F——$\Sigma\{F^e\}$ 总荷载向量

F_{cs}——增强材料的连接强度安全系数（通常取 1.5）

$\{F^e\}$——单元力矢量

$\{T\}$——作用于表面的分布力矢量

F_f——体荷载矢量

F_h——边界牵引载荷矢量；非零位移载荷矢量

F_p——允许抗拉阻力

F_{SR}——加筋材料的抗拉强度安全系数

$\{f\}$——体积力矢量

G——剪切模量

G_s——比重

H——排水路径

H_f——模型墙的破坏面高度

h_m——缩尺模型的高度

h_p——相应原型的高度

i——水力梯度

i_m——模型中的水力梯度

i_p——原型中的水力梯度

$[J]$——Jacobian 矩阵

$\{u(x)\}$——元素内任意点的位移

V——离心机运行时模型的速度

v——液体的渗流速度

W——加强条的宽度

X——作用于单元、平行于 X 轴的力

x_o——土的主动区的宽度

Y——作用于单元、平行于 Y 轴的力

Z——墙顶以下的深度

α——螺旋线切线与垂直方向夹角

$\{\delta\}$——位移矢量

$\delta\mu_r$——给定应力条件下界面处的相对位移

ε_b——侧向应变

ε_r——加筋材料的应变

ε_s——土体的侧向应变

ε_v——轴向压缩应变

ε_1——轴向应变

$\{d\varepsilon\}$——应变增量的矢量

$\{\varepsilon\}$——有限单元中任意点的应变

η——自然坐标系，$-1 \leqslant \eta \leqslant 1$

η——应力比，$\eta = \dfrac{q}{p'}$

λ——加载期间，$e \sim \ln p'$ 曲线的斜率

v——动态黏度

ξ——自然坐标系，$-1 \leqslant \xi \leqslant 1$

Π_e——总势能

K——$\Sigma[K^e]$ 全刚度矩阵

K_a——主动土压力系数

K_B——体积系数

$[K^e]$——单元刚度矩阵

K_o——静止土压力系数

K_w——卸载—再加载模数

k——渗透系数

k_m——模型中的渗透系数

k_n——界面刚度

k_p——原型的渗透系数

k_s——界面剪切刚度

k_1——剪切刚度数

L——加筋长度

L_e——施加力的电位能量

$LL\,(\%)$——液限

L_o——加筋总长度

l_e——单元平均尺寸

M——$p'-q$ 平面中摩尔破坏包线的斜率

N——离心试验中使用的重力加速度倍数

$[N]$——有限单元形函数

$\dfrac{1}{N}$——模型的缩放因子

n——模量指数

n_1——剪切刚度指数

ρ——土体密度

ϕ——土的内摩擦角

$\phi_{comp1}, \phi_{comp2}$——复合材料的摩擦角，对于 B 线，加筋土复合材料具有与原土体相同的摩擦角；对于 C 线，加筋土复合材料的摩擦角

大于原土体的摩擦角

φ——界面摩擦角

σ_{ff}——发生破坏时，破坏面上的法向应力

σ_H——侧向应力

σ_{Hi}——任意加筋单元内的拉应力

σ_n——作用于界面的法向应力

σ_v——竖向应力

σ_{vm}——缩尺模型中的竖向应力

σ_{vp}——原型中的竖向应力

$\sigma_v(x)$——作用于筋—土界面点 (x) 处的竖向有效应力

$\sigma(\alpha)$——作用在破坏面上的法向应力

σ_1，σ_3——分别为最大主应力和最小主应力

$(\sigma_1-\sigma_3)_{fail}$——破坏时，土体的主应力差

$\{d\sigma\}$——应力增量矢量

τ_{ff}——破坏时，破坏面上的剪切强度

τ_n——界面处的剪切应力

$\tau(x)$——筋—土界面点 (x) 处的动员剪切应力

P_a——大气压力

$PI(\%)$——塑性指数

p'——有效应力

p'_o——预固结围压

μ_r——界面的相对剪切位移

v_r——界面的相对法向位移

ω——角速度

ψ——剪胀角

1 绪论

1.1 研究目的和必要性

众所周知,土体具有一定的抗剪强度,同时在土体内掺入纤维或铺设加筋材料,可以不同程度地改善土体的强度和变形特性,形成加筋土,是半刚性复合材料。对加筋土的感性认识早为古代劳动人民所掌握,并应用于实践。早在古巴比伦和中国就开始使用加筋土。通过添加稻草来提高土坯砖的质量。1963 年,法国工程师 Henry Vidal 根据三轴压缩试验结果提出了加筋土的概念及加筋土的设计理论,成为加筋土发展历史上的一个重要里程碑,标志着现代加筋土技术的兴起(Vidal,1969)。条形加筋通常由镀锌钢制成的金属带埋入由砂和砾石组成的高品质填料中,通常要使用较高质量且价格昂贵的干净砂和砾石填料,以便在二者之间产生所需的摩擦力,常用于墙体较高或重载挡土墙。

加筋土挡墙系统通常是由面板、按规范选定的填料、嵌入填料的加筋单元组成的稳定结构系统。非黏性颗粒土与高黏性钢筋条的相互作用构成了一个综合体,其中的加筋承受拉伸力。这样形成的综合土体被设计视为一个黏性整体,既能支撑自身重量又能承受外部荷载。原则上讲,加筋土与钢筋混凝土类似,合理的假设是,加筋土的性能取决于用加筋间距表示的"土的配筋率"。

加筋土挡墙是一种具有一定柔性和变形适应能力的支挡结构,它与传统的重力式挡土墙以自重等因素抵抗墙后填土压力和保持自身稳定不同,加筋土挡墙是通过筋带和填土之间的摩擦作用,改善土体的变形条件和提高土体的工程性能,从而达到加固、稳定土体的目的。同时,加筋土挡墙还因具有以下优点而广泛应用于交通运输和其他土木工程领域:

(1)适应性好:加筋土属柔性结构,在一定范围内可承受比较大的地基变形;其稳定性高,比其他类型的挡土墙抗震性能好。

(2)可靠性:材料的耐久性可靠,结构的安全性较高。

(3)成本效益:加筋土面板薄,基础尺寸小,与钢筋混凝土挡土墙相比,可减少造价一半左右,与石砌重力式挡土墙相比较,可以节省 20% 以上,且墙越高其经济效益越佳。

(4)适应性:该技术适用于各种复杂情况,如通行受限区域的处理、不稳定自然边坡的处理、基础边界的处理及沉降较大地基的处理,事实证明是最佳的处理方案;可以因地制宜,就地取材。

（5）造型美观：挡土墙的总体布设和墙面板的形式图案可根据周围环境特点和需要实现路、景、物美化协调，人与工程环境和谐共存。

（6）施工简便：墙面板和其他构件均可以预制，现场可用机械（或人工）分层拼装和填筑。除需要配置压实机械外，施工时一般不需要配备其他机械，易于掌握，节省劳力，缩短工期。

（7）节约占地：由于墙面板可以垂直砌筑，可大量减少占地。

目前，国内外对加筋土挡墙结构的研究几乎都集中在加筋土挡墙结构的内、外稳定性方面，如加筋体系的位移、加筋的强度和徐变特性、加筋的使用期限以及加筋土挡墙结构的稳定性、加筋与填料之间的摩擦性状等，但有关于连接方式和面板弯曲刚度对该系统性能的影响的研究报告却很少见；而且，对于加筋，由于使用销和接头作为面板和钢筋之间的连接，应力集中会发生在连接区域周围的面板和面板附近的加筋中，因此，在面板或靠近面板的加筋上必然会出现由拉力引起的断裂。在施工现场发生的加筋墙的破坏实例表明，其破坏总是发生在连接部位，因此可以说，该部位是加筋层中最薄弱的部位。

根据上述讨论的基础，确定本研究的目的主要是研究面板抗弯刚度、加筋—面板的连接形式对加筋土挡墙系统的面板、填料、加筋的位移行为和拉力的影响，试验研究采用离心模型试验，数值解析采用二维有限元商用程序。在保持加筋的横向、竖向间距和刚度，填料强度、地基刚度等参数不变的情况下，通过系列的室内试验和有限元分析，确定连接类型如何影响加筋土挡墙的加筋带内拉力分布，面板刚度如何影响加筋土挡墙的变形行为等。

为了测定加筋土挡墙系统的各种变化，在试验模型制备期间及之后，在设计的模型上安装了测量仪器。随着离心加速度的增加，并用计算机同步记录位移计和应变片的测量结果。按照加筋土挡墙的实际结构，建立有限元计算分析模型，分析所确定的参数变化对墙体变形及力学性能的影响，在此基础上，对试验结果进行了比对、验证。

1.2 研究概况

现代加筋土自 1963 年由法国工程师 H.Vidal 提出并命名为"加筋土"以来，其发展主要有以下几个标志性事件：

现代加筋土技术 1963 年由法国工程师 H.Vidal 提出，他通过观察鸟类用草和泥筑巢的过程启发了加筋土体的念头，首次引入了"加筋土"（reinforced earth）技术，初步分析了加筋的机理，并为土体加筋设计与计算提供了一套分析方法，从而为加筋土技术开辟了更加广阔的应用前景。自此以后，1965 年，在法国 Pragneres 修建了第一道挡土墙。1968～1969 年在法国南部的 Roquebrune-Menton 公路上建造使用了第一组复合结构。在不稳定斜坡上修建 10 道挡土墙，挡土墙总面积 5520m²。1972 年在美国 1 号高速公路桥墩上第一次使用加筋土（高 14.0 m）。1972 年在美国洛杉矶东北加利福尼亚州 39 号高速公路上修建第一座加筋土墙，与传统的路基换填方式相比，使用加筋土在山坡基础条件上修建公路路基，显著降低了成本。

经过四年的项目试验，1974 年年底美国联邦公路管理局将加筋土所属种类由"试验类"批准为经济和安全类以替代其他支护技术。

加筋土挡墙技术发展突破表现为材料上的两大进步：第一，1971 年开始采用混凝土面板（大多数加筋土结构现在仍沿用这种面板结构）；第二，1975 年开发的带肋钢筋条带（这些条带由普通低碳钢制成，与传统光滑的条带相比，能够大幅度提高土体和钢筋之间的摩擦传递能力）。

目前，加筋土结构广泛应用于挡土墙、海洋结构、水库堤坝、桥台、基础持力层、扶壁墙地基、其他维持和支撑荷载结构。

截止到现在，大量的、持续的研究和试验，为加筋土结构的快速发展作出了突出贡献。研究主要集中于：

（1）土体加固的基本机理；

（2）加筋土结构的破坏机理；

（3）正常工作条件下结构的力学和变形行为；

（4）设计理论和计算方法的完善；

（5）埋设在土中的金属加筋材料的腐蚀和耐久性问题；

（6）加筋土结构的动态变形特性和抗震能力；

（7）外观造型和美学改进；

（8）新应用领域的扩展。

在对前人关于加筋摩擦特性研究工作评价的基础上，Jewell（1980）研究了筋—土剪切面和筋材坡度对加筋拉伸性能的影响；Juran 等（1988）将筋—土荷载传递模型理论扩展到填料为黏性土的情形，并测试了该理论对黏土的正确性。Giroud 等（1993）研究了随着接触应力的变化，筋—土之间的剪切特性；Bacot 等（1978），Schlosser、Elias（1978），Ingold（1982，1984），Sridharan、Singh（1984，1986，1988），Kate 等（1988），Rao、Panday（1988）等诸多学者进行了多种尺寸的拉拔试验，以验证筋——土之间剪切作用特性模型。Costalonga（1988）和 Fannin、Raju（1991）等声称，在拉拔试验中，加筋材料在失效表面出现了渐进式破坏现象；Palmeira E.M. 和 Milligan（1989）以及 Srinivasa Murthy（1993）等对试验仪器尺寸和剪切面粗糙度对试验结果的影响进行了测试，但到目前为止，仍没有提出拉拔设备的标准尺寸。

Bolton（1978）最早利用离心模型试验研究加筋土挡墙，目前离心模型试验已经比较广泛地用于研究加筋土挡墙的性状。Wong 等（1994）对配置聚合物加筋层的加筋挡土模型进行了离心缩尺模型试验。其后，Sawicki（1987）和 Porbaha（2000）等进行了离心模型试验，在导致模型破坏的过程中，在加筋体表面施加附加荷载。章为民等（2000）通过 24 组离心模型试验，对加筋土挡墙的主要工作机理作了探讨，包括破坏形式、破坏面、不同的加筋设计参数（间距、强度、长度、地基）对加筋土挡墙的影响，试验表明：加筋土挡墙的破坏面接近对数螺旋线；采用 0.3H 型破坏面较 Rankine 破坏面更为合理；加筋强度、加筋间距、填土强度与加筋土挡墙强度的关系基本符合准黏聚力理论，呈正相关；有一定的加筋锚固长度是必要的，此长度取决于筋土界面的摩擦特性及上覆土重；一定范围内基础对加筋土挡墙安全影响不大。

郑仁中等 1979 年首次将加筋土工法引入韩国。1980 年在京畿道永宁郡修建的第三条国家高速公路上，首次使用加筋土修建试验性挡土墙。

即使在韩国，与发达国家相比，加筋土的研究工作仍然不足。虽然已经能够生产加筋材料，但韩国使用的材料仍然主要依赖于从其他国家进口。由于设计和施工标准与其他国家的不同，在设计和施工过程中以及之后出现了许多问题。

Jo 等（1995）对加筋土合理的分析和设计方法进行了研究；Karpurapu 等（1995）开展了加筋土挡墙数值模拟研究；Kim 等（1996）开展了加筋土挡墙性能研究；Kim 等（1998）开发了用于加固挡土结构分析／设计的计算机程序。基于试验性挡土墙的观察结果，Kim 等（2004）提出了加筋的拉伸应变和分离式刚性块式面板上的侧向压力分布。Kim 等（2005）给出了加筋系统的连接强度，并提出了影响面板抗剪键、土工格栅节点强度和加筋强度的因素；采用满足模型相似律的物理模型试验方法——离心模型法，建立了缩尺模型，并进行了系列离心模型试验，探讨了模型的破坏机理，验证了目前所使用的设计方法的适当性。

近年来，由于社会发展的需要，各种各样的加筋土挡墙得到了迅速的发展，相应的分析程序也随着时间的推移而不断变化，可以说，加筋土结构的研究将成为一个新的研究领域，并将会有所突破。

1.3 研究方法和范围

本研究采用两种方法对上文所述内容进行研究，第一是对制备的加筋土挡墙模型实施离心试验，第二是建立与离心模型加速度对应尺寸的现场加筋土挡墙的有限元模型，进行有限元分析。

离心模型试验包括：①模型断面设计；②填料的选取；③面板及配筋的准备；④模型制备；⑤测量仪器安装及模型就位；⑥离心试验；⑦试验结果讨论。

本研究以广泛分布于韩国土地上的风化花岗岩土为加筋土回填材料，进行了六种工况下的离心模型试验。试验模型制备步骤为分层压实、加筋铺设、铺设压实下一层填料，如此反复直至设计高度，完工模型高度为 24cm。为了使加筋土沉降量相对较小，且又便于观测和测量，本研究选取模型填料的压实度为 80%。

模型选取的加筋条为铝箔，宽度为 10mm、长度为 18mm、厚度为 0.020mm，按设计间距铺设在模型中，其中，加筋条垂直间距为 40mm，水平间距为 45mm，故模型中加筋条的数量为水平方向 3 行、垂直方向 5 行。

按照预先设计，模型墙挡土面板使用铝板，其厚度分别为 2、4、6mm，用以模拟不同抗弯刚度的面板，并构建相应的模型，以通过离心模型试验探明面板抗弯刚度的变化对加筋土挡墙系统各项性能的影响。

本研究利用缩尺模型试验，探明加筋和挡板的连接形式对加筋土挡墙系统各项性能的影响，本试验分为固定型连接和移动型连接两种形式，每种连接形式包括 3 个面板厚度（2、4、

6mm）的子试验。每个模型完成后，在模型墙上安置测量器具，用于测量挡土系统的各种变形、应变等。位移由安装于面板或基础表面上的位移计测量；加筋条的局部应变由粘贴于预先设定的加筋层的应变片测量。

有限元分析使用荷兰 BV 公司开发的 PLAXIS 程序，模拟逐层填筑填料直至该墙体在自重作用下，达到预定高度或达到破坏的过程，并由此分析整体式刚性面板加筋土挡墙的各项性能。建成的模型为二维，填土破坏遵循 Mohr-Coulomb 准则，面板和补强单元遵循弹性准则。选择有限元模型计算输出的相应数据，与对应离心机模型试验中记录的数据如位移、加筋拉力等进行比较，以验证试验结果的科学性、合理性、准确性，并验证有限元分析时材料本构关系、建模思路的正确性。

2 加筋土及其结构的基本理论

2.1 加筋土

2.1.1 加筋土的定义

土是地球上最丰富和最便宜的建筑材料。在长期受压状态下，许多土体在适当的密实度和含水量情况下，可以变得足够坚固，具有一定的承载能力。和普通硅酸盐水泥混凝土一样，土体的抗拉能力很弱，这就限制了纯土体结构在某些领域的应用（如当斜坡的坡度比土的内摩擦角更大（30°以上）时）。在素混凝土内配置受拉性能较好的钢筋，两种材料性能能取长补短，则成为一种新的复合材料——钢筋混凝土。而在具有一定抗剪强度的土体内掺入纤维或铺设加筋材料，可以不同程度地改善土体的强度和变形特性，形成加筋土。从材料特性或几何形状，或两者综合来看，两种材料的相容性是土体加筋复合材料成功最重要的特征，使得应力从一种材料传递到另一种材料，类似于钢筋混凝土中混凝土与钢筋之间的良好的粘结。

土体内配置受拉加筋材料对干砂坡面稳定性的影响，和加筋土的概念如图 2-1、图 2-2 所示。图 2-1 所示为干态砂能保持的最陡坡度；图 2-2 显示在相同的干砂情况下，把纸带作为加筋材料对坡面稳定性的影响。需要注意的是，为了防止砂粒从加筋区域漏出，纸带应向上折叠作为挡土面板以保持左右端垂直，但不能作为重要的结构或承载构件。水平纸带作为必要的加筋材料，能够向复合材料提供较大的"黏聚力"，表现为破坏复合角度的增大。

图 2-1 干砂最陡坡度   图 2-2 加入纸带的干砂影响图

同样，在现有的地面和堤坝也可以通过在土内设置加筋或采用加筋包裹的方法进行加固，以增加边坡的自然稳定性，维护堤坝的边坡安全，使得垂直开挖成为可能，或垂直坑壁免内支撑等。

2.1.2 加筋土的历史

鸟和动物出于本能都会在土中加入草屑、树枝等筑巢；人类早期对土体加固原理的应用，可能是建立在理论研究的基础上，但更有可能用经验方法建造，如 Agar Quf 神塔的建造。19世纪 Pasley 的关于加筋土的经验性建议是建立在大量试验结果基础上的，其应用在较小范围相对有效。但是，仍需行之有效的理论来描述基本加筋土系统的基本特性。

1924 年，Coyne（1927、1945）提出了"Coyne 梯墙"，在梯墙中配置了一系列加筋单元，该加筋单元一端与面板连接，另一端具有锚座，形成了加筋土结构（图 2-3）。

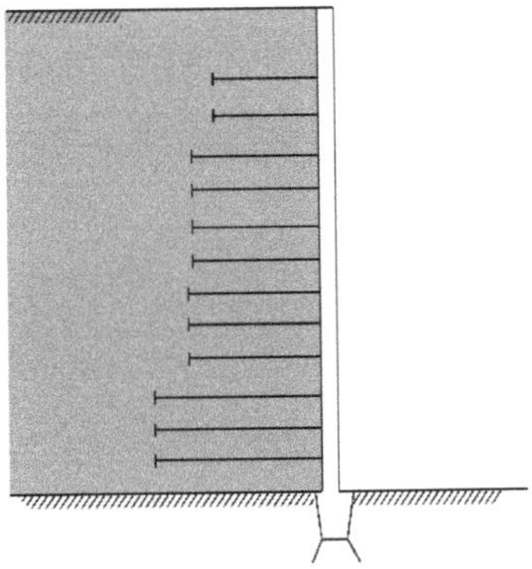

图 2-3　Coyne 梯墙

Coyne 用 Howe 梁来比拟解释他的"Coyne 梯墙"加筋土结构的机理（图 2-4）。Howe 梁与常用的桁架不同。对于 Howe 梁，铅直构件与底部构件受拉，对角构件与顶部构件则受压。如果将 Howe 梁逆时针旋转 90°，就成了一个"梯子"，如图 2-5 所示。Coyne 认为，此时的水平加筋件相对于 Howe 梁中的竖杆，承受拉应力；而填土本身则可起到 Howe 梁斜杆的作用，承受压应力；梯墙的面板 AC 承受压应力；而相当于 Howe 梁底杆的 BD，虽然受拉，但因受填土自重的作用，实际上无需另设受拉构件。这样，整个"梯墙"ABCD 就好像组成了一个内部稳定的完整体系。

早在 1972 年，哈里森（Harrison）和格拉德（Geward）就提出把正交各向异性材料的弹性理论用于加筋土。假定加筋土是由无限薄、刚度无限大的紧密布设平行材料加筋的软土层，该理论是建立在 Westergaard（1938）提出的加筋媒体的等效特性和塞拉蒙（Salamon）发展的有关等效均匀材料的弹性特性的计算方法基础之上的，采用半空间正交各向异性材料在点荷载、带状荷载和循环荷载作用下的已知解就可求得加筋体系中的应力和位移。这种方法假定土和筋都是线弹性体，弹性模量和泊松比都是一个常数，但实际上土是一种弹塑性体，即使在小变形时，也应考虑其非线性性质。对加筋材料而言，一般都是具有一定厚度，刚度也非无限大的，所以这种方法仅仅可作为粗略估算加筋土体的应力变形特性的一种简化方法，它的计算结果与实际情况相比会有较大的误差。

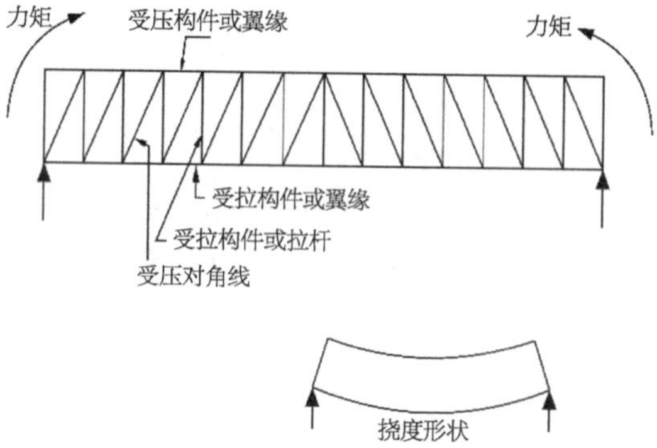

图 2-4　Howe 梁

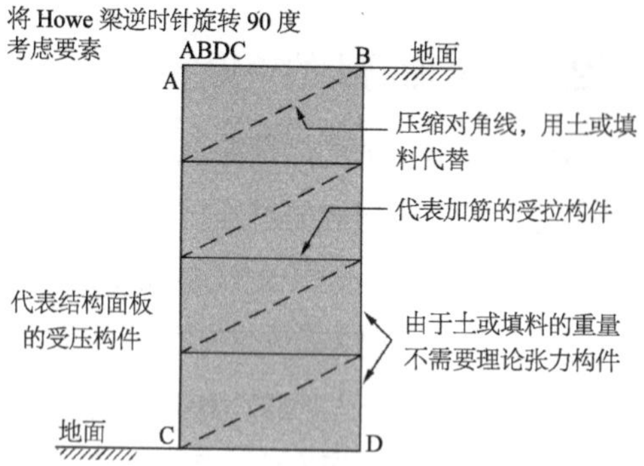

图 2-5　Coyne 梯墙的 Howe 梁分析

　　加筋土与钢筋混凝土的原理类似。在加筋土中配置的加筋条与土体粘结，而在钢筋混凝土中钢筋与混凝土之间存在握裹力；但二者又不完全相同，在钢筋混凝土结构中，设置钢筋的目的是承受拉力，而对于加筋土，特别是在非黏性土中，加筋条极有可能处于承受完全压应力区域。因此，土体中加筋的承载模式不是承受逐渐增大的拉力，而是非等向地降低或抑制土体的一个正常应变速率。Vidal（1963，1966，1969 a、1969 b）描述了这种抑制机理，并以图解（图 2-6）的方式进行了说明，图中显示了单个土体颗粒被捆绑在一起，产生了准黏聚力形态。

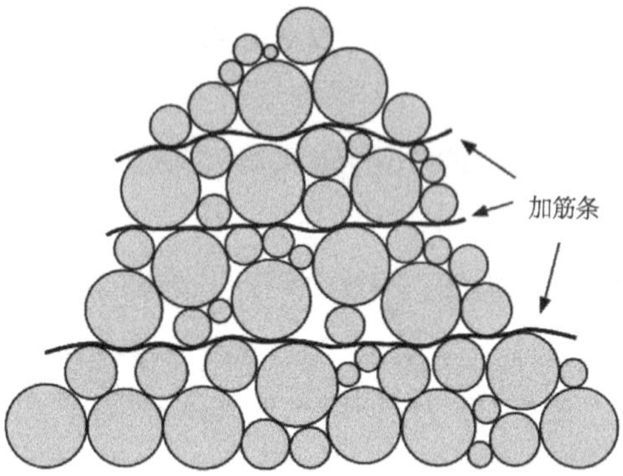

图 2-6　加筋土图示

　　考虑处于半无限空间非黏性土地基深度 H 处，某计算点由自重应力引起的垂直方向土的应力为：

$$\sigma_V = rH \tag{2-1}$$

　　此时，该计算点的静止土压应力为：

$$\sigma_H = K_o rH = K_o \sigma_V \tag{2-2}$$

式中 K_0——静止土压力系数，$K_0 \approx 1 - \sin\phi$；

ϕ——土的内摩擦角。

当紧邻计算点外侧土体水平向外平移时，则侧向应力（$\sigma_H = K_0\sigma_V$）逐渐减小，直至其极限值（图2-7），如式（2-3）所示。

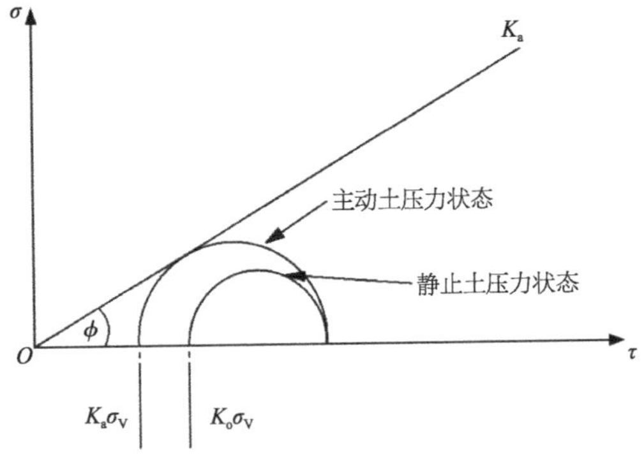

图2-7 土体应力状态

$$\sigma_H = K_a\sigma_V \tag{2-3}$$

式中 K_a——主动土压力系数。

$$K_a = \frac{1 - \sin\phi}{1 + \sin\phi} = \tan^2\left(45° - \frac{\phi}{2}\right) \tag{2-4}$$

考虑无黏性土的任意一个计算单元，用以说明加筋土中加筋的作用及加筋和周围材料的相互关系（图2-8）。如果在土体上施加如图2-8（a）所示的垂直载荷，该单元将出现轴向压缩 ε_V、横向膨胀拉伸 ε_h 的变形。如果将弹性模量远大于土体的加筋材料分层平铺到土体单元中（图2-8b），土体和加筋条之间由于存在摩擦或其他结合方式，二者之间必然产生粘结或相互作用。土体变形受到较大加筋条的约束和限制，加筋条所受的张力大小与静止土压力（$\sigma_H = K_0\sigma_V$）相等，方向与之相反。即加筋的作用是限制计算单元某一方向的正常应变（$\dot{\varepsilon}_\theta$）；前述讨论是对一般条件，对任何大小的垂直应力值 σ_V 都有效，可以看出，随着 σ_V 增加侧向应力也增加。由图2-7可以看出，在土体加筋条件下，应力圆始终位于抗剪强度包络线下方，当加筋断裂或加筋与土体之间的粘结破坏（即拔出破坏）时，加筋后的土体单元才会发生破坏。

基于以上讨论可知，从土体单元传递到加筋中的力等于土的侧向应力，即 $\sigma_H = K_a\sigma_V$，因此，任何加筋单元的拉应力

$$\sigma_{Hi} = \frac{K_a\sigma_V}{a_r} \tag{2-5}$$

式中 a_r——加筋的横截面积。

加筋中的应变为

$$\varepsilon_r = \frac{K_a \sigma_V}{a_r E_r} \tag{2-6}$$

式中 E_r——增强材料的弹性模量。

土体 ε_s 在加筋长度方向上的侧向应变

$$\varepsilon_r = \varepsilon_s = \frac{K_a \sigma_V}{a_r E_r} \tag{2-7}$$

如果加筋的有效刚度（$a_r E_r$）足够大，则 $\varepsilon_r \to 0$，则图 2-8（b）所示的结果成立。随着有效刚度的降低，ε_r 增大，土压力系数 $K_o \to K_a$。

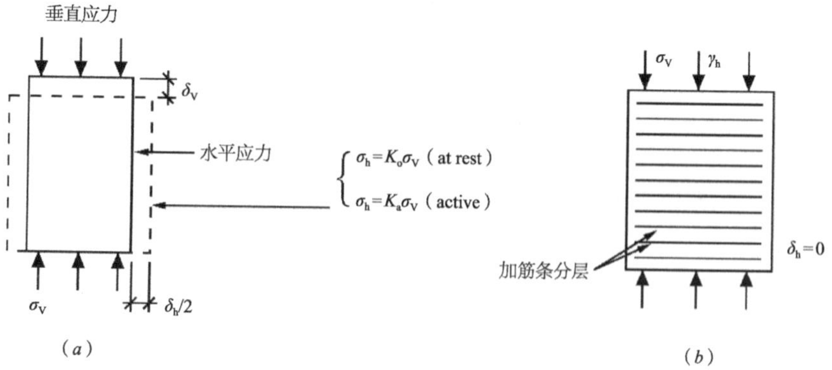

图 2-8 未加筋土和加筋土的基本应力状态

（a）非黏性土；（b）加筋土

Henry Vidal 将加筋原理上升到理论高度，推动了加筋土理论研究的快速发展，导致各国相关机构如法国的 LCPC（Schlosser，1978）、美国交通部（Walkinshaw，1975）和英国交通部（Murray，1977）对基础研究工作的支持力度加大。上述研究工作也促进了新的加筋材料形式的发明，也使研究者对加筋土所涉及的基本理论、概念有了更深的了解。虽然当时加筋条的应用还主要局限于除土体加固之外的岩土工程，也被引入到该工程领域。1974 年，加利福尼亚州交通部门推出了使用片状或网格状加筋作为挡土墙的加固元素，进一步促进了该技术的发展（Forsyth，1978）。

新型加筋材料研发与加筋土结构发展密切相关。尽管早期的岩土工程加固结构是使用有机材料（如木材、稻草或芦苇）进行加固而形成的，但 Pasley 在使用帆布作为增强膜状材料时，意识到可以采用更加先进的加筋材料。由于事先可以预计，帆布在其性能下降之前的使用年限有限，故 Pasley 所设计的结构预计也不会使用较长时间。在 19 世纪，有机加筋材料的应用仍然很普遍。

直到必要的技术进展发生，人造或工程材料才可能被作为加筋材料。20 世纪上半叶，Coyne 特别关注了加筋材料的锈蚀问题，Vidal 和其他人也表明对此问题同样关注。有些结构由于寿命较短，加筋不易受腐蚀，材料性能也许没有大的退化。如早在 1935 年，在采矿业中，钢丝网就曾用来加固英格兰 Yorkshire 煤田的矿井顶部（Brass，1935）。

土工织物作为加筋材料大量使用，是在高分子合成材料研制成功以后。合成纤维织物在 1940 年广为人知，但直到 20 世纪 60、70 年代早期，由于石油产品合成织物和土工织物的发展，促进了加筋土结构的大量建造使用。实践证明，加筋条（Geosynthetics）以其强度高、耐腐蚀、柔性好、能在工厂预制和运输方便等特点，所建造的加筋土挡墙具有造价低、外观适应环境、抗震性能好等特点。除用作加筋之外，土工织物还可应用于过滤、排水、隔离、防渗和防护作用等。

土工织物可分为两大类：传统土工布和特殊土工织物。传统土工布是纺织工业的产品，包括非织造、机织、针织和拉伸粘合的纺织品。特殊土工织物，通常称为加筋条，一般不在纺织工艺中生产，目前已有两种主要形式：土工格栅和土工复合材料。自 20 世纪 60 年代初以来，土工格栅已在土木工程中应用。其首次应用是在铁路路堤建设中，使用高密度聚乙烯网格，用以加固火山灰填料路堤，并实现较高的压实度（Ymamoto，1966；Watanabe、Iwasaki，1978）。与此同时，东京 Nyeta 机场的开垦建设也使用了土工网格布加固，来提高软弱地基的承载能力（Ymanouchi，1967）。

在 20 世纪 80 年代，在欧洲、日本和美国同时发展了加筋的特殊类型——锚固。多锚系统由 Fukuoka（1980）为日本建设省开发。

1981 年，当合成土工网格材料用于处理英格兰 M_1 和 M_4 高速公路的挖掘坍塌事故时，土体加固结构的发展进入了一个新的应用领域（Murray 等，1982）。挖掘时岩层的稳定由原位形成的土体加固技术实现；该技术与地锚技术类似，已经在德国和美国提出并使用。

20 世纪 80 年代提出了使用张力膜作为土体加固材料，用于道路、建筑物、卡斯特地貌地基上的堤坝等支挡结构，或用以辅助对极软弱地基（超软土）的处理。Yano 等（1982）描述了沿海地区，包括 Tokyo 和 Osaka 的海湾，海洋软黏土沉积区域广泛分布问题。该地区地基的承载力极小或根本无承载力，但它们位于潜在的交通要塞。土体加固使用网格形式的加筋材料，用于形成地基施工过程的主要阶段，为传统的地基改良技术提供支持。

使用拉伸增强元件处理天然或人工地基，用以支撑建筑结构已经符合新的英国加筋土体标准（BS 1995）要求。

现在，多种混合系统和技术可用于土体加固技术，其中实践证明最成功的案例之一是由 Jones 和 Templeman（1979）提出的尾部挂网技术，此技术通过附加的加筋材料，可以增强传统挂网结构的稳定性。随着新加筋系统的发展和技术发展，Barvashov 等（1979）通过试验证明了预应力加筋土技术的优势所在。

2.2 加筋土挡墙

2.2.1 挡土结构

人类自从安居之后，一直在使用土料建造土质挡土结构：城墙和宗教纪念碑是土质挡土结构最早使用的例子（Kerisel，1992）。随着构筑物建造尺寸增大的需要，尤其是土质挡土结构高度增加的需要，人们很快就意识到，墙后填料自重产生的土压力是影响结构稳定最重要的因素之一。第一种解决方案是使用质量和体积大于填料体质量的材料，如砂或岩石等，建造挡土墙来抵抗外部压力。后来人们观察到，通过加固墙后填料也可以减少土压力。在《圣经·旧约》中"出埃及记"一篇中最早提及加筋土体的内容：在黏土或砖中加入芦苇或稻草，然后将这些建筑材料用于住宅建设。

在许多著名的历史建筑中，可以找到在支护结构中使用加筋的证据。例如，3000多年前古埃及人在建造金字塔时，使用芦苇编织垫作为加固材料，将垫子水平、分层放置在填料中，利用芦苇的抗拉性能，约束土体的水平变形，与我们今天使用的概念和原理类似（Jones，1997）。

2.2.2 加筋土挡墙结构的稳定

土的支挡结构可分为两大类：外部稳定挡土系统和内部稳定挡土系统（表2-1）。外部稳定挡土系统（包括传统的挡土系统）由填料、填料前墙（桩）体组成。墙（桩）体一般采用刚度较大或重度较大的材料，或采用现浇桩或预制桩。当由填料自重产生的向外的主动土压力作用于结构墙体时，墙体为填料体提供反方向的外部稳定推力（图2-9a）。

挡土墙结构分类 表2-1

外部稳定挡土系统		内部稳定挡土系统	
原位墙	重力墙	加筋土	现场加固
木桩	毛石墙	锚固土	土钉
预制混凝土桩	混凝土墙	有机加固带和夹具	网状树根桩
板桩	悬臂桩		
护坡桩	石笼网	金属加固带和夹具	土钉＋抗滑桩
现浇桩	—		
桩锚支护	蜂窝式围堰	土工合成加筋带和夹具	
		混合系统	
		——加筋土砌体墙 ——加筋土石笼墙 ——加筋土预制墙	

内部稳定的挡土系统也称为加筋土挡墙系统。该系统通过在填料中配置额外的抗拉性能较好的筋材（例如钢索、钢带、加筋条或土钉、土工织物等）使土体自身保持稳定。加筋筋

材通常分层、水平方向布置，并延伸到潜在破坏面之外（图2-9b和图2-9c）。

上述两种挡土系统之间的主要区别是支护机理。在外部稳定挡土系统中：墙后填料产生的土压力考虑为合力——总推力，外部结构被设置在填料的前面以抵抗该推力。外部结构仅在整个填料开始时屈服，达到其临界状态（主动或被动状态）后才起作用。与外部稳定系统不同，内部稳定系统中的土体在施工期间由水平布置的加筋材料分隔成层。一旦土体内局部产生屈服，该部位的土体就会从最近的加筋处获得局部支撑（加固）；在发展成整个填料的整体屈服之前，局部屈服总是受到附近加筋的约束限制。

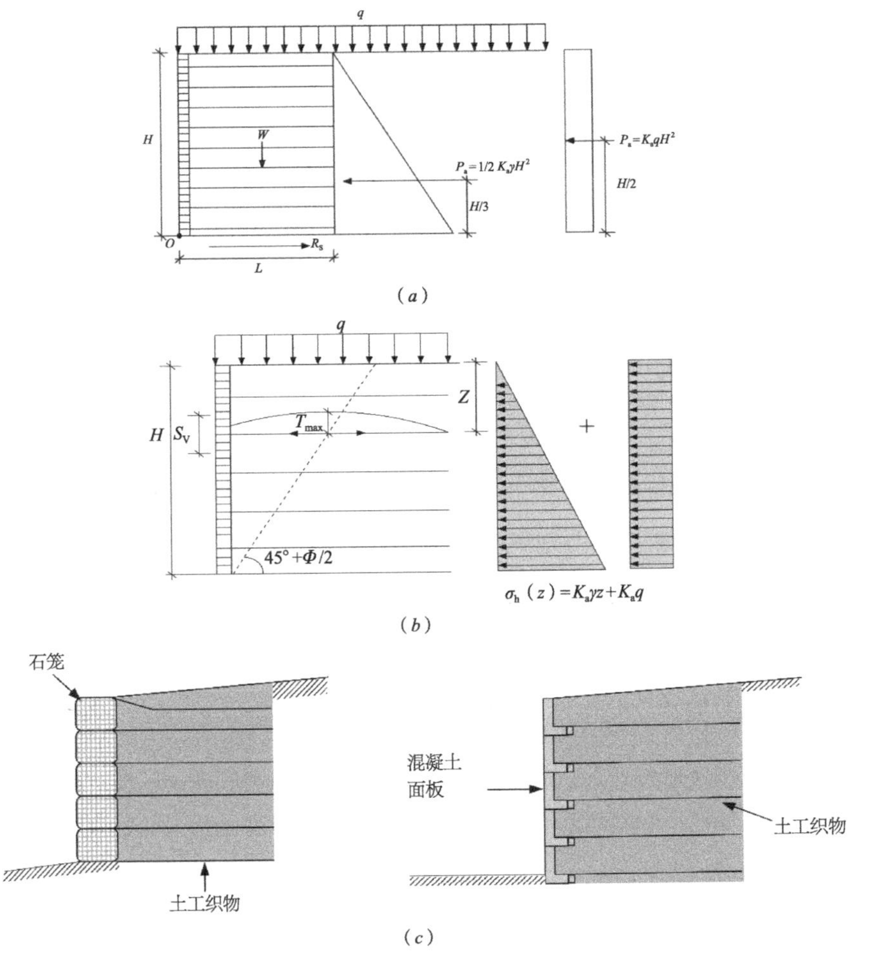

图2-9 加筋土挡墙的稳定性

（Jones，1997；Hausmann，1990）

（a）外部稳定；（b）内部稳定；（c）混合系统

2.2.3 加筋土挡墙结构的机理

20世纪60年代，Henry Vidal首先阐述了加筋土的基本机理，并预言加筋土挡墙结构将替代传统挡土结构（Vidal，1969）。Vidal加筋土挡墙系统的基本概念是：当土体内部某点开始发生屈服破坏时，土的剪切力传递到最近的加筋层（Mitchell 和 Villet，1987）。其增强机理可用离散系统和复合材料方法来解释。

图 2-10 所示的离散系统表明，不稳定土体的附加剪切力以两种形式传递给加筋材料：摩擦力和黏聚力。摩擦力是抗剪能力的分量，与作用在剪切平面上的法向应力大小成正比。黏聚力是不同材料（土体和加筋）之间的抗剪能力，与法向应力大小无关（Hausmann，1990）。这种内部剪切力传递的结果，是使复合土体远远达不到其原状土体的临界破坏状态，并且由于加筋材料的存在，增强的复合土体产生的侧向压力也相应减小。

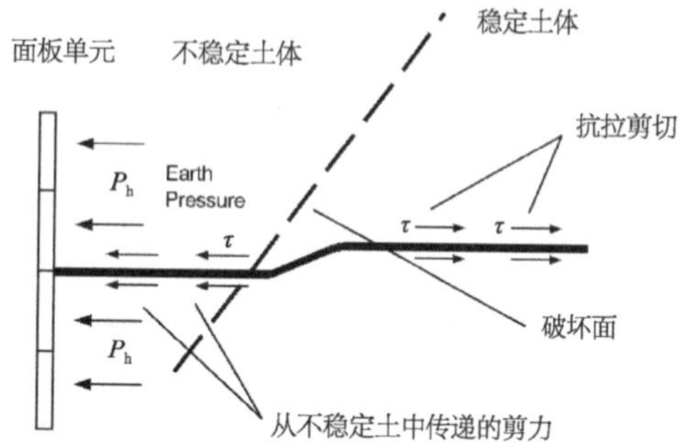

图 2-10　加筋土挡墙的加固机理
（Jones，1997；Hausmann，1990）

复合材料法是另一种解释加筋土加强机理的方法。Schlosser 和 Long（1972）、Yang 和 Singh（1974）使用了准黏聚力的概念。Hausmann（1976）和 Hausmann 和 Lee（1976）也使用类似的概念解释了加筋土的加固机理。图 2-11 表示使用 Mohr-Coulomb 准则解释复合材料法加固机理（Hausmann，1990）。图 2-11 中，0 号莫尔圆代表初始条件下的加筋土复合单元。假设该单元在水平方向上植入了加筋，并且施加了一对主应力（垂直应力和水平应力，其中垂直应力是最大主应力）。当垂直应力增加时，莫尔圆移动到更大的应力水平。1 号莫尔圆表示土体未加固时的破坏条件，2 号莫尔圆表示加筋土复合材料的破坏条件。σ_1^2 和 σ_1^i 之间的差值表示由于加筋的设置，土体可以承受的额外垂直应力。直线 A 是无加筋土体的破坏包络线。直线 B 和直线 C 是两条假定的、用于定义加筋土复合材料的失效破坏强度包络线。其中，直线 B 代表假定加筋土复合材料与未加筋土体具有相同的摩擦角，增强材料贡献的是复合材料的附加黏聚力（式（2-8））；直线 C 表示：假定由于加筋的存在，加筋土复合材料具有更高的内摩擦角（式（2-9））。

$$\tau_{ff} = c_{comp} + \sigma_{ff} \tan\phi_{comp1} \text{（直线 B）} \tag{2-8}$$

$$\tau_{ff} = \sigma_{ff} \tan\phi_{comp2} \text{（直线 C）} \tag{2-9}$$

式中 τ_{ff}——破坏面上的抗剪强度；

c_{comp}——复合材料附加黏聚力；

ϕ_{copm1}，ϕ_{copm2}——复合材料的内摩擦角，对于直线 B，加筋土复合材料具有与初始土体相同的摩擦角；对于直线 C，加筋土复合材料的摩擦角大于未加筋土的摩擦角；

σ_{ff}——破坏平面上的正应力。

Boyle（1995）通过（UCD）试验证实，直线 C（式（2-9））的假定更适合解释土工合成材料加筋土的加固机理。

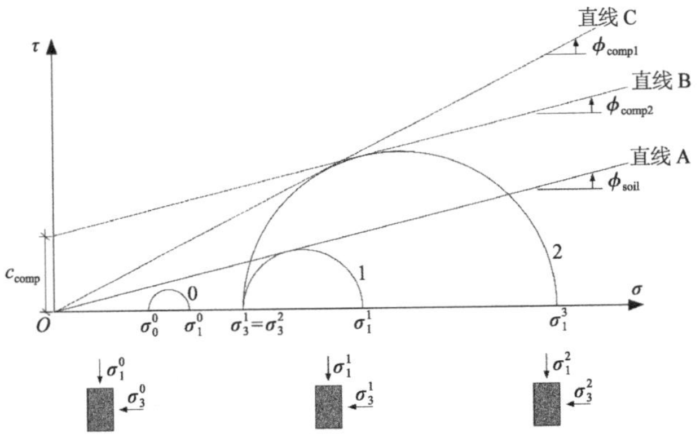

图 2-11　复合材料加固机理（Mohr-Coulomb 准则）

对于土工合成材料加筋土的破坏机理，Hausmann（1976），Hausmann 和 Lee（1976），Gray 和 Ohashi（1983）的研究发现，在加筋层上的土压力较低的情况下，加筋土的破坏通常表现为土和加筋界面滑移；在土压力较高的情况下，由于加筋单元的断裂而发生破坏。然而，这种结果取决于加筋材料的性质以及土和加筋材料之间的界面情况。离散系统方法适用于分析压力较低的情况和压力较高的情况下的破坏机理，尽管这种方法涉及复杂的力传递。另一方面，复合材料方法虽然涉及较少的层间力传递，但需要建立良好的应力—应变本构模型来解释土工合成材料复合土体在不同压力下的明显不同的力学行为。

2.3　加筋土的性能

加筋土挡墙结构系统由水平加筋、填料和挡土面板组成，挡土面板用以局部保留填料。加筋材料可以使用的材料有钢筋、金属网垫和合成土工织物等。尽管上述材料使用直到 20 世纪 70 年代初才开始推广，但目前土工合成材料已成为最受欢迎的土体加筋材料之一。在过去的 40 年中，加筋条在土体补强方面的使用急剧增加（Grioud，1986）。

2.3.1　加筋机理

钢制加筋与土工合成加筋之间的基本区别在于它们的刚度、结构形式以及它们在加筋与土界面处发生的相互作用。钢制加筋结构形式通常采用带状或网片状（图 2-12），而土工合成织物加筋通常采用网格状或片状（图 2-13）。

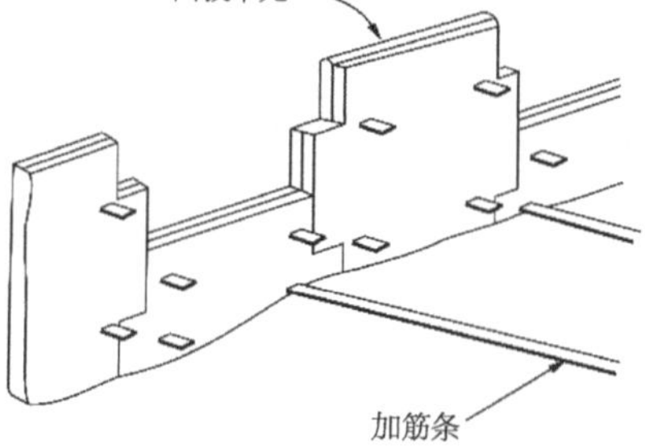

图 2-12　钢制加筋构造（Jones，1996）

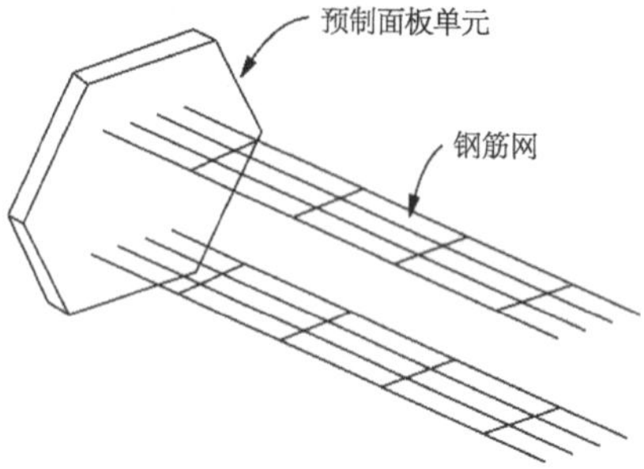

（a）钢带；（b）钢网片

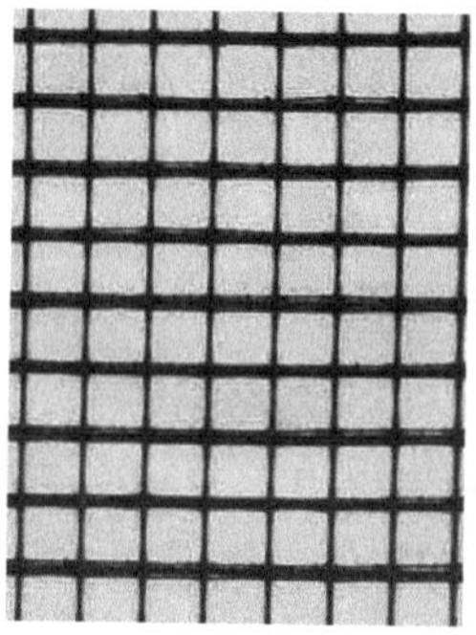

图 2-13　土工合成材料加筋（Jones，1996）

（a）土工格栅；（b）编织土工布

与钢制材料相比，土工合成加筋材料具有更好的抵抗土体局部和整体屈服的能力。极限平衡分析假定：在土体发生整体破坏之前，加筋不会发挥其加固土体的作用。尽管该分析方法为钢制加筋挡土结构提供了令人满意的分析计算结果，但这种方法得到的加筋土挡墙的内部应力分布倾向于过大。

2.3.2　与周围土体的相互作用

钢制加筋材料通常外表光滑，与之相反，多数土工合成材料具有织物状表面（土工织物）或网格结构（土工格栅），使其和土体之间产生更好的结合。在钢制加筋土挡墙中，土体与钢制加筋之间的界面处发生滑移，但在土工合成材料加筋土挡墙中，可以观察到滑移面发生在加筋附近的土体中（Boyle，1995）。当使用离散系统法分析加筋土挡墙的性能时，上述观察结果非常重要。

2.4 加筋土挡墙稳定性评价与设计方法

2.4.1 分析和设计条件

加筋土挡墙结构计算主要分为两大部分，一是内部稳定性分析，二是外部稳定性分析（Lee 等，1973；Anderson 等，1985；Michell 和 Villet，1987）。内部稳定性分析计算主要解决拉筋的设置问题，保证筋土形成的复合体能够共同工作，保证墙体系统在其自重和任何外力的作用下具有连续性和自稳性能。外部稳定分析计算是要保证筋—土形成的复合体系统的稳定，防止出现滑动、倾覆、基础失效和整体边坡破坏，包括临时边坡的破坏和地基应力等问题（图 2-14）。

众所周知，筋—土间的相互作用会导致作用于加筋上的垂直应力发生应力集中，故作用于筋—土界面的垂直应力实际上是未知的。设计中考虑 $\sigma_v(x)$ 值取初始垂直应力，对于加筋土顶不存在超载的垂直加筋土挡墙，该应力值等于有效上覆土压应力。

根据破坏准则，加筋土系统的主要设计参数可分为五大类：

1）填料材料的力学性能，特别是内摩擦角和重度。

2）加筋材料的力学性能，包括允许抗拉强度和弹性极限。

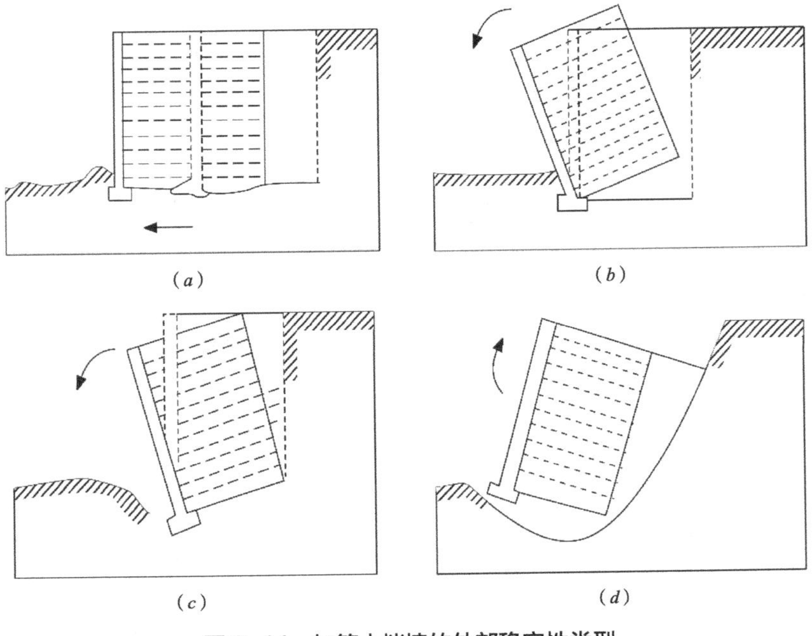

图 2-14 加筋土挡墙的外部稳定性类型
（a）滑移破坏；（b）倾覆破坏；（c）地基基础破坏；（d）整体稳定性破坏（旋转）

3）加筋土体间的相互作用的参数，特别是筋—土表观摩擦系数 μ^*。

4）加筋材料的几何特性：厚度、宽度、长度、垂直间距、水平间距。

5）相应场地条件下的结构设计参数，使用寿命、考虑耐久性的相应保护层厚度。

可以选择的主要设计参数是：

（1）加筋的垂直间距，受制于预制面板标准尺寸变化；

（2）加筋的长度；

（3）加筋的类型；

（4）特定场地条件下结构的使用寿命。

2.4.2 设计程序和参数

设计程序包括考虑：

（1）填料和加固材料的强度性能；

（2）加筋的设置；

（3）加筋与土体间的相互作用；

（4）挡土面板与土体间的相互作用；

（5）加筋材料的耐久性；

（6）挡土面板与钢筋之间的连接（特别是对于具有分离式刚性块式面板结构系统）。

2.4.3 稳定性分析

1. 外部稳定性分析

对加筋土挡墙的外部稳定计算包括整体稳定计算、滑移稳定计算、倾覆稳定计算、基底应力计算和沉降计算。图 2-14 所示为加筋土挡墙的外部稳定破坏模式。支护结构的外部稳定性设计包括以下分析：

1）支护结构与地基之间的摩擦力，评价基础滑动破坏的可能性；

2）地基承载力破坏和地基的蠕变，评价倾覆和过度沉降的可能性；

3）包括加筋在内的结构的整体失效，即边坡整体稳定性。

总的来说，这些计算内容和计算方法与重力式挡土墙一样或相近，这里不作详细介绍，只提出在计算时应注意的几个问题：

（1）在整体稳定计算中，考虑整体稳定的破裂面有两种情况：一是圆弧穿过加筋体，一是圆弧在加筋体外。前一种情况拉筋要参与工作，后一种与拉筋无关。根据相关文献，两种情况计算得出的安全系数差别不大，但前一种却比较复杂，故一般只计算后一种。一般认为滑弧通过加筋墙体后踵点，采用条分法进行计算。

（2）目前在加筋土计算中，都假设地基为刚性的，刚性假设对计算加筋土地基应力而言，是不大恰当的，它忽略了加筋土是一个柔性整体结构的特点。按照此规定计算，会造成一定的浪费，但目前尚缺乏足够的资料来进行分析研究。因此，这是一个尚待解决的问题。

（3）加筋土挡墙墙面变位在工程中是存在的，这既有施工方面的问题，也有结构本身的问题，墙面变位如何计算，目前尚未有简单的方法，只能依据有限元方法来计算。

2. 内部稳定性分析

加筋土挡墙的内部稳定分析的目的，是要解决加筋的设置问题，保证筋—土形成的复合体能共同工作。其总体思路是通过土压力与拉筋力的平衡条件，来计算侧向土压力和筋材拉力，进而验算筋材的抗拉强度和锚固强度。因此，众多的研究工作者在进行加筋土挡墙的内部稳定性方法研究时，主要是针对加筋的拉力计算、挡土墙破裂面的假定和土压力系数的确定进行。目前，应用较为广泛的方法主要有极限平衡法、能量法、剪胀区法和一些经验半经验的方法。

图 2-15 所示为加筋土挡墙结构的内部稳定破坏模式和局部稳定破坏模式。与常规挡土系统中填料性质是主要的内部稳定性设计问题不同，加筋土挡墙结构需要进行更复杂的稳定性分析。计算评估应考虑以下几个方面。

1）加筋的断裂破坏

$$T_{max} \leqslant \frac{R_T}{F_{SR}} tb \tag{2-10}$$

2）加筋的拔出破坏

$$T_{max} \leqslant \frac{1}{F_{Sp}} 2b \int_{x_o}^{L} \tau(x) dx \text{ 和 } \tau(x) = \mu * \sigma_V(x) \tag{2-11}$$

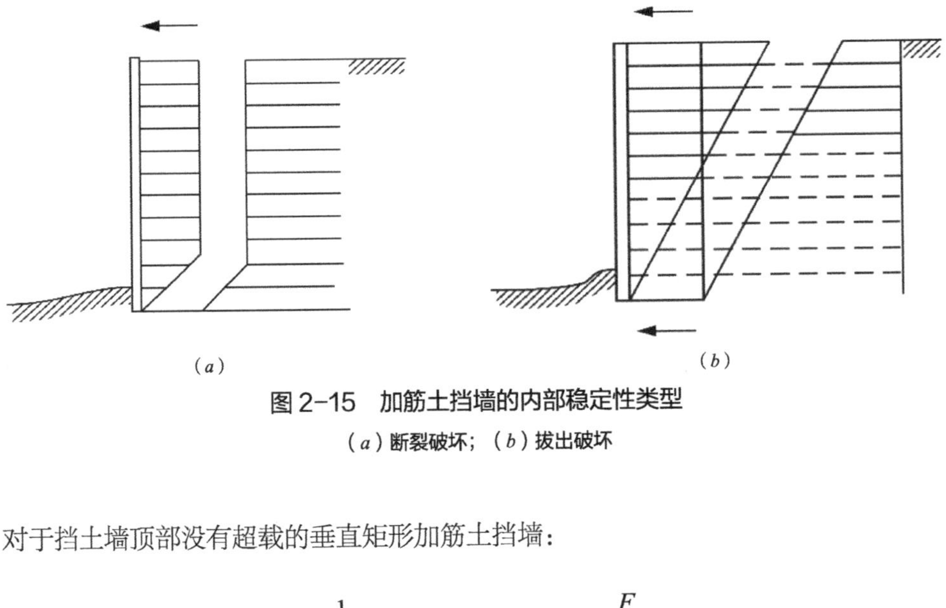

（a）　　　　　　　　　　　　　　　　　（b）

图 2-15　加筋土挡墙的内部稳定性类型

（a）断裂破坏；（b）拔出破坏

对于挡土墙顶部没有超载的垂直矩形加筋土挡墙：

$$T_{max} \leqslant \frac{1}{F_{Sp}} b(L - x_o) * 2\mu * rZH = \frac{F_p}{F_{Sp}} \tag{2-12}$$

式中　T_{max}——加筋中最大拉力；

　　　R_T——加筋材料的最大允许拉应力或弹性极限；

　　　F_{SR}——加筋材料抗拉安全系数；

　　　F_{Sp}——加筋的抗拔安全系数；

　　　x_o——所考虑的应力水平下，土体主动区的宽度；

L_o——加筋的总长度；

Z——自墙顶向下的深度；

$\tau(x)$——筋—土界面任一点处的剪切应力；

μ^*——表观摩擦系数；

$\sigma_V(x)$——筋—土界面任一点的垂直有效应力；

F_p——抗拔力；

t，b——分别是加筋条的厚度和宽度。

3）挡土面板和加筋之间的连接（特别是对于带有分离式刚性块式挡土面板系统）

$$T_{cl(n)} = \frac{T_{ulyconn}}{F_{cs}} \leqslant T_{a(n)} \tag{2-13}$$

式中 $T_{cl(n)}$——加筋的长期连接强度；

$T_{ultcocc(n)}$——通过 NCMA 试验确定的加筋材料的极限连接强度；

F_{cs}——相对于加筋材料的连接强度安全系数（通常取 1.5）；

$T_{a(n)}$——结构中实际使用的加筋的长期设计连接强度。

目前，加筋土挡墙设计的内部稳定性分析仍然基于极限平衡法。该分析方法不能提供内部工作应力信息以及支护结构挡土面板的变形计算结果。此外，由于钢制加筋条和土工合成加筋材料筋—土性能之间存在较大的差异，因此这种分析方法计算结果倾向于加筋土支护结构内部的内应力分布过大。

2.5　实践中使用的设计方法

2.5.1　分析方法

目前，正在使用下列两种分析方法：

方法一：考虑加筋的拔出破坏和加筋的断裂破坏两种破坏模式下，加筋土挡墙内发生主动破坏区的局部内部稳定性。根据对主动破坏区局部平衡条件的分析，可以计算出任意加筋中的最大拉力的位置和大小。

方法二：考虑加筋土挡墙及其周围所有物体的总体稳定性。经典的、经过改进的边坡稳定性分析方法，如 Fellenius 法或 Bishop 法，用以评估沿圆形潜在滑动面破坏的安全系数，并考虑潜在滑动面穿过加筋材料时，加筋材料可能贡献的拉力和抗拔力。

加筋土挡墙系统的设计步骤具体如下：

（1）设计输入数据的说明；

（2）确定初步尺寸；

（3）外部稳定性分析；

（4）内部稳定性分析；

（5）加筋与挡土面板连接设计；

（6）变形和沉降计算；

（7）设计输出数据的说明。

开始设计需要以下信息：

挡土面板参数：总高度（H）；面倾角（i）；挡土面板类型（模块化板、预制混凝土板、加筋包裹等）；加筋材料类型（金属条、钢筋网、土工格栅、土工织物等）。

土质参数：建筑场地的土层分布／地质环境；填料的内摩擦角（ϕ）和重度（r）、墙后填土的抗剪强度参数和重度、地基土的抗剪强度参数和重度。

设计标准：沉降要求、安全系数、设计使用年限、施工顺序等。

初步设计尺寸：根据对既有加筋土挡墙系统的资料分析，确定加筋的最小长度：

$$L \geqslant \begin{cases} 0.7H \\ 2.50\text{m} \end{cases} \tag{2-14}$$

上述数据在加筋土挡墙结构进行稳定性分析时，作为加筋土挡墙系统的初步尺寸使用。

2.5.2　加筋土挡墙的内部稳定性

在考虑破坏时，Juran（1977）通过对缩尺模型挡墙试验观察到的破坏机理进行分析，为采用极限分析方法预测破坏时加筋中最大拉力的位置和大小，以及挡土墙的临界高度提供了依据。该方法基于由破坏面限定的主动区域的平衡条件进行分析，且该破坏表面仅发生在加筋中最大拉力发生的位置。该方法既考虑了加筋土的静态边界条件，又考虑了由于加筋对土体应变场产生影响的动态边界条件。

Juran 和 Schlosser（1978）的模型研究表明，在加筋断裂破坏的情况下，该破坏可认为是主动区土体的旋转，且将该土体视为准刚性、不可压缩的块体，沿着处于极限应力状态下的薄土层界面滑动。对已发生破坏的模型进行观察表明，破坏面顶部垂直于加筋土顶面，该破坏面形状接近对数螺旋线。

此外，假定复合体破坏是由补强条的渐进断裂引起的，并且当初次断裂发生时，土的剪切抵抗力方向完全与破坏面一致。

分析复合土体主动区稳定性时，假定的对数螺旋线破坏面左侧土体满足所有静态平衡条件（图 2-16）。在对选定的加筋层进行受力分析时，加筋层每单位长度的最大拉力（$T_{\max}$）可以根据主动区的水平承载区域 S_v 的局部水平平衡计算，在每个土层中心有一层加筋。假定无水平剪切应力作用于所选土层水平界面，由此可得：

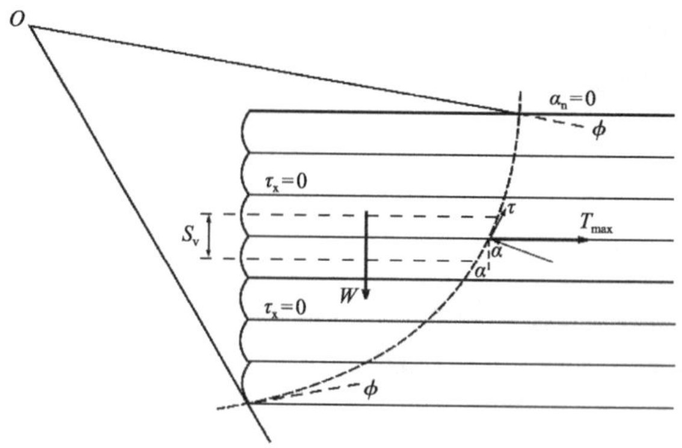
O
$\alpha_n=0$
ϕ
$\tau_x=0$
S_v
τ
T_{max}
α
W
$\tau_x=0$
ϕ
破坏面极限状态：$\tau=\sigma\tan\phi$
Koter 方程→σ（α）
最大塑性破坏面：对数螺旋线
Kinenical 条件：$\alpha_0=0$

$$\tau_x=0 \rightarrow T_{max}=\int_{S_v/\cos(\alpha+\phi)}\frac{\sigma(\alpha)}{\cos\phi}\cos(\alpha+\phi)\mathrm{d}l$$

图 2-16　使用对数螺旋破坏面的加筋土挡墙的内部稳定性分析（Juran，1977）

$$T_{max}=\frac{1+\dfrac{S_v}{2\cos\alpha}}{1-\dfrac{S_v}{2\cos\alpha}}\left[\frac{\sigma(\alpha)}{\cos\alpha}\cos(\alpha+\phi)\mathrm{d}l\right] \tag{2-15}$$

式中　α——对数螺旋任意点的切线与垂直方向的夹角；

ϕ——土的内摩擦角；

σ（α）——作用在破坏面上的法向应力，用 Koter 方程计算：

$$\frac{\partial\sigma}{\partial l}+2\sigma\tan\frac{\partial\alpha}{\partial l}=r\cos(\alpha+\phi)\cos\phi \tag{2-16}$$

上述方程的解（Juran，1977）就是加筋中的最大拉力 T_{max} 及最大拉力的位置 X（与挡土面板的距离）。

$$K^*=\frac{T_{max}}{rH_fS_v} \tag{2-17}$$

$$X_H=\frac{X}{H_f} \tag{2-18}$$

式中　H_f——模型墙破坏面高度。

无量纲因子 K^* 和无量纲高 X_H 度的变化是挡土结构几何形状（挡板、加筋倾角）和土体的内部摩擦角 ϕ 的函数。

设计时，假定复合体破坏是由加筋断裂引起的，则加筋中的最大拉力必须等于其抗拉强度 R_T。在这种状态下，由上述的理论解可知 K^* 值，且此时，$K^*=K_c$，K_c 仅仅是内部摩擦角 ϕ 的函数。破坏面高度可通过下式计算：

$$H_f = \frac{R_T}{K_c r S_v} \quad (2\text{-}19)$$

目前，极限平衡法已经推广至考虑到加筋土墙体表面承受静态和动态超载的桥墩的破坏设计（Juran 等，1978）。探讨了通过墙趾和加筋的直线滑动面，其主要计算内容如下。

1. 加筋强度的验算

2. 加筋拔出的验算

加筋破坏应验算各层加筋，且必须保证加筋所受的最大拉力不大于加筋材料的允许长期抗拉强度：

$$T_{max} \leqslant T_{al} R_c \quad (2\text{-}20)$$

式中　T_{max}——抵抗墙面有效侧向土压力所需的最大拉力；

　　　T_{al}——单位宽度加筋的允许长期抗拉强度；

　　　R_c——加筋覆盖率。

允许长期抗拉强度取决于加筋材料的类型。对于条状加筋，其允许抗拉强度考虑了由于蠕变、材料性能退化和安装损坏导致的强度降低。

加筋的抗拉承载力还取决于加筋的抗拔能力。抗拔力由筋—土间的相互作用和埋入土中的锚固长度决定。加筋抗拔的验算按下列公式：

$$T_{max} \leqslant \frac{P_r R_c}{F_{Spo}} \quad (2\text{-}21)$$

$$P_r = F^* \beta \sigma_v' L_e C \quad (2\text{-}22)$$

式中　T_{max}——抵抗墙面受到的侧向土压力所需的最大拉力；

　　　P_r——加筋抗拔力；

　　　R_c——加筋覆盖率；

　　　F_{Spo}——抗拔安全系数；

　　　F^*——抗拔阻力系数，由筋—土间相互作用确定；

　　　β——考虑沿加筋长度拉拔阻力不均匀移动的尺寸效应修正系数；

　　　σ_v'——作用于加筋层的有效垂直应力；

L_e——加筋的锚固长度；

C——加筋横截面的有效周长。

通常在设计中，应同时满足两个条件（针对加筋断裂及其拔出）。首先，根据是否便于施工或根据类似结构的经验，来确定加筋的初步布置和强度特性；然后验算锚固长度。将式（2-19）～ 式（2-21）联立并整理，得如下公式：

$$L_e \geq \frac{T_{max}F_{Spo}}{F^*\alpha\sigma'_v R_c} \geq 1m \tag{2-23}$$

式中　L_e——延伸至滑动面以外的、加筋的锚固或嵌入长度；

L_a——面板与临界潜在滑动面之间的加筋的长度；

L——加筋的总长度，$L = L_a + L_e$。

内部稳定性验算应对每层加筋进行验算，并将处于临界状态所确定的加筋的各项参数如长度、间距、强度定义为加筋的最终长度、间距和强度参数。

2.5.3　加筋土结构的外部稳定性

加筋土挡墙系统的外部稳定性分析与传统重力式挡土墙的稳定性分析类似。需要验算的主要内容是加筋土挡墙系统的尺寸是否能确保在墙后填土压力的作用下系统的整体稳定性。将加筋土体视为一个整体，并且仅考虑通过与墙后填土最近的破坏面。对于给定的挡土墙，外部稳定验算和相应的最小安全系数如下：

（1）挡墙沿地基土界面滑动（$F_{Ssi} > 1.50$）；

（2）偏心受压（$e < \dfrac{L}{6}$ 或 $\dfrac{L}{4}$）或墙体倾覆（$F_{Sso} > 2.00$）；

（3）地基承载能力（Meyerhof 法，$F_{Sbc} > 2.00$）；

（4）地基深层稳定性（$F_{Sds} > 1.30$）。

Phan 等（1979）将破坏面假设为圆弧形，并且滑动面通过加筋体，该假设促进了加筋土挡墙结构设计方法的发展；这种方法既能验算加筋土挡墙的内部稳定性又能验算其外部稳定性。基于 Bishop 理论的圆弧滑动面验算方法，对于设置于陡坡的加筋土结构、加筋土坝和特殊几何形状的结构进行验算时特别适用。

加筋土挡墙的圆弧法稳定性分析法的原理如图 2-17 所示。将计算所考虑的圆形滑动面分成宽度为的土条，并且每个土条的底部中心与加筋相交。滑动面破坏可能是由加筋条的破损或拔出引发。因此，每个加筋中的最大拉力等于加筋的最大拔出抗力 T_p 或加筋的极限拉力 T_R。

考虑整个圆弧左侧区域土体平衡的稳定性验算，能够确定土体的抗剪安全系数、加筋的抗拔安全系数及抗拉安全系数。复合安全系数计算公式如图 2-17 中所示。

加筋土挡墙的直线滑动、偏心受压和地基承载力按楔体滑动法验算；地基深层滑动破坏按照旋转破坏机理验算。通过外部稳定性分析，可以验算并确定加筋的总长度，如果工程实际

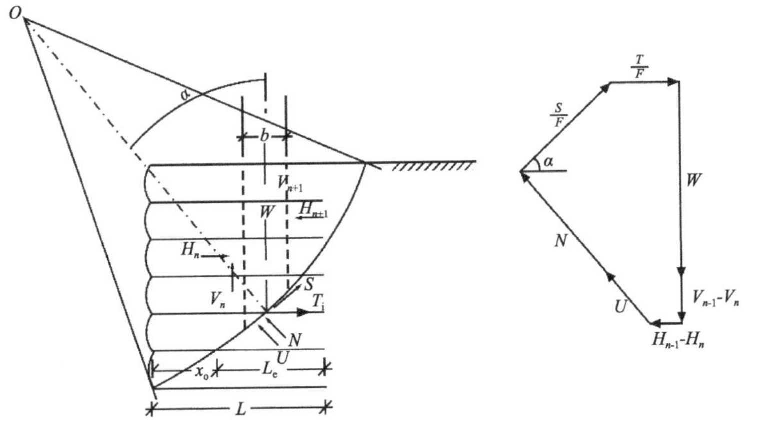

$$T = \min(T_p, T_R) \begin{cases} T_p = 2b \int_{x_o}^{L} \mu^* \sigma_v \mathrm{d}x \\ T_R = b \cdot t \cdot R_t \end{cases} \quad F = \dfrac{\dfrac{\sum\limits_{n}[cb + (W_n - Ub)\tan\phi]}{\cos\alpha_n\left(1 + \tan\alpha_n\dfrac{\tan\phi}{F}\right)} + \sum\limits_{n} T_n\cos\alpha_n}{\sum\limits_{n} W_n\sin\alpha_n}$$

图 2-17　加筋土挡墙的圆弧法稳定性分析

（Phan 等，1979）

需要，可以在计算确定的加筋总长度的基础上，适当增加加筋长度。

按公式（2-14）确定的加筋的最小长度符合美国混凝土砌体协会（National Concrete Masonry Association，NCMA）（1996）手册的规定。此外，根据美国国家公路和运输协会（AASHTO）（1996）的建议，最大加筋间距限制为面板宽度的 2 倍。土工格栅加筋土的抗滑设计系数取 0.95，NCMA，1996）。

2.5.4　加筋和挡土面板之间的连接件设计

Christopher 等（1994）在现场足尺试验中发现，当筋材与面板间为刚性连接时，面板上的侧压力接近主动土压力；为柔性连接时，则小于主动土压力。在加筋土结构中，由填土自重和外力产生的土压力作用于墙面板，通过面板上的拉筋连接件将此压力传递给拉筋。加筋在连接件处所受的力由作用在墙面上的相应区域的主动侧向土压力确定。

2.5.5　变形和沉降计算

加筋土挡墙系统的沉降和侧向位移会影响到挡墙的正常使用性和耐久性。由于极限平衡分析无法准确预测变形，因此在设计中对于变形的评价通常基于半经验—半理论关系和既有结构的现场观察结果。因此，一般在设计中假定：选取的材料合适、安全系数适当，以此来确保变形在可接受范围内。

最终设计可以得到以下信息（除设计输入以外）：

（1）加筋：间距，总长度，允许和极限强度；

（2）面板：连接设计；

（3）各种材料规格特性。

根据现有设计方法（AASHTO，1998），在大多数情况下，内部稳定性验算仅控制墙的总尺寸和加筋规格特性。这是因为进行内部稳定性分析，假定内部滑动面的形成与发展时，不考虑加筋间距、加筋刚度和影响加筋土挡墙系统性能的其他因素的影响。

2.6 加筋土挡墙结构的优点

2.6.1 技术上的优势

属复合建筑材料：土体与加筋之间通过应力传递而形成的复合材料，与非加筋土相比具有较好的结构性能。

柔性结构：加筋土结构的变形适应性好，可为土质较差的建设场地提供完美的技术解决方案。与传统挡土墙相比，在一定范围内可承受加筋土结构侧向和竖向发生较大变形。

建造施工：一般来讲，回填材料、加筋材料和挡板的铺设和施工不需要专业队伍和专业设备，只需使用与普通公路路堤施工相同的设备，建设速度也基本相同。加筋土系统的构件大部分使用预制构件，易于成型和搬运，建设速度较快。仅需要在挡土结构前预留较小的吊装、运输空间，特别适用于高速公路沿线建设或有场地限制的区域中。

回填材料：加筋土结构的回填材料的选用范围相当广泛。在施工现场附近很容易找到合适的优质回填材料，无需进口。已经在一些工程中成功使用的材料主要是颗粒状材料，如干净的砂和砾石，或粉砂和砾石。随着使用经验的积累，可使用的填料类型会越来越多。

抗震能力：由于加筋土结构为连续、柔性的整体，属柔性结构，因此具有较高的抗震能力，特别适用于地震活动频繁地区。

2.6.2 成本优势

加筋土用于场地受限或通行受限的情况，建造的堤坝、挡土墙通常显示其经济上的优势。价格低廉、取材容易的土占据了其体积的大部分，其造价主要取决于加筋材料和挡板的价格，因此加筋土所使用的材料与传统挡土墙所用的材料相比，造价较低。另外，施工的难易程度和速度是相对于传统墙壁节约成本的另一个原因。

2.6.3 外观优势

与传统的普通挡土墙有很大的不同，加筋土挡墙面板属于二次结构，非主要受力构件，因此挡土面板类型的选择具有更大的灵活性，以满足外观美学要求。选择的面板类型可以是具有各种几何形状、纹理和颜色的混凝土板，也可以不设置面板，直接在暴露面种植植被。

2.7 加筋土结构的未来发展

加筋土是一种快速发展的专利技术，大量的加筋土结构在不同国家正广泛使用。目前，对于加筋土挡墙的研究主要集中在筋—土界面的摩擦特性研究中，尽管对土工合成材料作了大量的试验研究，但还有许多工作要做。就其试验本身而言，还存在一些缺陷，如用拉拔试验和直剪试验研究土工织物与加筋土体的界面特性，界面应力不均匀，土体不变形，不能正确反映界面特性等。同时，由于试验仪器与所采用标准的不同，使一些试验结果数据可比性、参考性不强。

有限元法可以获得加筋土挡墙的变形特征，筋材、土应力应变关系及二者相互作用机理，但在有限元分析中，由于有限元物理模型与实际结构间的差别及建模中引进了种种人为的假设，使计算结果与实测数据往往还存在一些差别。而通过有限元法和原型观测相结合的方法来检验有限元计算的合理性，也是验证有限元法的一种有效的手段。

对加筋的作用机理还处在研究阶段，没有形成成熟的理论计算方法。随着加筋技术应用的日益广泛，对加筋土挡墙设计计算理论、计算方法的研究也逐渐深入。相信有限元法作为一种有效的工具将得到更广泛的应用。

尽管设置挡土面板的挡土墙是应用最广泛的结构类型，但现在已经或正在开发新的应用范围（如桥台、码头挡土墙等）。发明人 Henry Vidal 提出的其他申请（包括卡斯特地貌上的基础、非压缩土、地下室或拱顶等）迄今为止的发展非常有限。

3 加筋土挡墙离心模型试验

3.1 试验综述

土工领域研究方法大致分为两类：试验法和有限元分析法。广泛应用的有限元分析法主要依靠有限元分析法或有限差分分析法。尽管传统的极限平衡法是最常用的分析计算方法，但近年来，由于计算机技术硬件和软件技术的发展及其运行成本的下降，岩土工程师可使用有限元方法（FEM）（或有限差分分析）对数值模型进行计算分析。另一方面，在试验研究方面，现在基本上进行现场测试和缩尺比例模型测试。上述所有方法都是用于研究并查明土体结构的复杂变形行为的常规技术。

为了研究与土工相关的问题或研究土体结构的变形行为，常使用缩尺 l-g 模型测试试验。然而，此类模型试验存在局限性，原因是：模型中的应力水平低于原型结构中的应力水平，由于岩土材料应力应变的非线性，需要在相同应力条件下才能正确地研究其性状，因此 l-g 缩尺模型试验无法获得与足尺模型相一致的应力—应变结果。在条件允许的情况下，可以使用大比例模型来解决上述问题。但由于成本较高、构建模型所需的时间较长等原因，足尺模型试验往往难以实施。由于高速旋转的离心机能产生很高的离心加速度，使得模型土体与原型在对应点所受到的应力状态完全相同，因此，离心模型在理论上能够再现原型的性状，它也是岩土领域内唯一能完全满足模型相似律的物理模型试验方法。

离心试验技术在土工试验研究科学中的应用已经很成熟：Alemi 等（1976）便使用离心试验技术验证了土体芯样中传输参数的试验测定。近年来，在环境工程领域，也使用离心试验技术来探明：在对试样边界条件进行良好控制的情况下，由重力驱动引起的液体流动现象（例如，Cooke 和 Mitchell，1991；Hensley 和 Savvidou，1993）。

当使用离心试验技术时，模型的构建在岩土工程问题中起着举足轻重的作用。物理模拟主要涉及的问题是复制一个与原型中可能存在的各种条件相似的模型。试验模型一般取缩尺模型；对离心模型试验尤其如此。

土工领域模拟试验的一个重要特点是所做缩尺模型必须在强度和刚度方面再现原型。在岩土工程中，存在与特定问题相关的、范围较宽的土质特征。原因有两个：①土体分层沉积，因此可能会在一个场地遇到不同的土层，导致以不同的方法解决特定的问题；②土样原位应力随其所在位置深度的变化而变化，而众所周知的是，土体的力学特征是应力水平和应力历史的函数。显然，在任何通用的、成功的物理建模中，重建这些特征是非常必要的。

第二个原因是岩土工程中使用离心模拟试验的主要用途。安置在离心试验机旋转臂末端的土体模型可以绕机器中心加速旋转，此时模型受到径向重力加速度场的影响，就模型而言，就像受到比地球的重力加速度强很多倍的一个重力加速度场。

在模型槽中制备的土体模型上表面自由且无超载，在模型土体内，应力的大小随着深度、土体密度和加速场强度的大小而线性增加。若在模型制备过程中，使用与原型相同的土料，模型制备程序适当，使模型经历与原型类似的应力加载历史，再现与原型相同的堆积程序，那么对于离心模型，在 N 倍重力加速度（g）的作用下，模型在深度 h_{m} 处的垂直应力将与相应原型在深度 h_{p} 处的垂直应力相同，如式（3-1）所示。

$$h_{\mathrm{p}} = N h_{\mathrm{m}} \qquad\qquad （3\text{-}1）$$

式（3-1）为离心模型试验的基本定律，通过将缩尺模型的加速度场提高到重力加速度（g）的 N 倍，在模型与原型的相应点实现应力相等。

离心模型试验中的两个关键问题是相似律和相似误差。相似律可以通过量纲分析（Langhaar，1951）或控制微分方程得出。

离心模型试验目前存在的主要问题是：由于非均匀加速场而具有显著的相似误差，并且难以在缩尺模型中复制原型的细节。对模拟试验局限性的正确评价非常重要，并且还要考虑一些更常见的问题。

3.2 加筋土挡墙模型中的材料特性

3.2.1 土的性质

大多数加筋土挡墙系统由挡土面板和选定的填充材料组成，并布置适当的加筋元件保持稳定。填料的性质通常包括允许的最大细粒含量、塑性和最小有效摩擦角。就目前我们掌握的关于内部应力分布、有效摩擦系数、加筋承载力值和挡土墙几何形状以及破坏表面位置的大部分知识，都来源于使用满足相关标准的土料。

虽然没有证据表明质量较差的填料会导致内部应力分布和潜在破坏模式的显著差异，但目前尚不能确定，还需要作进一步研究。然而，已经有足够的证据表明，由于使用强度较差、蠕变性较大、塑性较大的土料，往往使设计的加筋土挡墙质量更大、需要的加筋更多、变形更大、造价更高，具体表现在：

（1）土体内摩擦角越小，需要加筋抵抗的内部水平土压力越高；

（2）土体内摩擦角越小，摩擦型加筋系统的表观摩擦系数越低，被动加筋系统的承载值越低；

（3）填料的塑性越高，蠕变位移值越大，特别是当填料较湿润时；

（4）填料中细粒含量越高，土体排水越差，超孔隙水压引起的潜在问题越严重；

（5）填料颗粒越细、塑性越强，金属加筋材料被腐蚀的可能性就越大。

因此，当现场容易获得高质量的填料时，应优先使用；否则，必须权衡使用进口优质的填料价格引起的建造成本的提高，也可考虑使用容易获得、质量较低的填料，但可能付出补强结构的尺寸较大、重量较重、性能相对较差的代价。

区分加筋土结构中使用的填料和增强结构墙后填土或支撑的土体也是非常重要的。墙后填土或支撑的土体和场地几何形状（尤其是地面坡度）共同决定加筋土结构需要抵抗的外力大小。

本研究中，使用花岗岩残积土作为所有模型中的填料及墙后填土。

为确定本研究中使用土料的各种物理和力学性质，在忠北大学进行了土的含水量试验（ASTM D 2216-98）、密度试验（ASTM D 854-92）、筛分析试验（ASTM D 422-98）、固结试验（ASTM D698-91），以及标准三轴压缩试验（ASTM D2850-90）等一系列测试，试验结果见图 3-1 和表 3-1。

根据筛分析曲线（图 3-1）可以得到通过 0.074mm 筛的百分比为 8.10%，有效粒径 D_{10} 为 0.09mm。土颗粒主要由石英组成，质地坚固，形状近似圆形。因此，可以假设土的性质在较大应力范围内恒定。根据图示结果，还可以得到均匀系数 $C_u = 7.22$ 和曲率系数 $C_c = 1.25$，可以判定土粒级配良好。

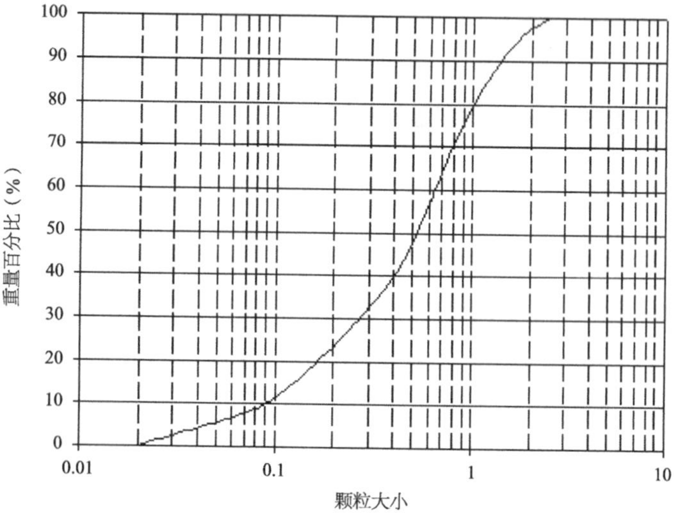

图 3-1　筛分析曲线

根据 ASTM D 698-91 标准进行击实试验，以确定本研究中所使用土的最佳含水量和最大干重度。由试验可知最大干重度为 19.7kN/m³，最佳含水量为 10.8%。

三轴压缩试验是确定土的应力—应变特性的最常用的试验。首先在装入加压室的圆柱形土体试样上施加围压（σ_c），该压力在试样各表面都相等，然后在样品轴向施加轴向应力 $\Delta\sigma_a$，直至试样破坏。由于在圆柱形试样上施加的围压不存在剪切应力，因此，轴向应力 $\sigma_c + \Delta\sigma_a$ 和围压 σ_c 就是最大主应力和最小主应力 σ_1、σ_3。

在忠北大学试验室实施了多组三轴压缩试验，以评估填料参数。用于三轴压缩试验的试样以 80% 的压实度重塑，以获得与离心模型试验中所使用的模型土体有相同的物理和力学条件。在预定围压 σ_3（$=\sigma_c$）（0.50，1.00，1.50）条件下，逐个进行三轴压缩试验，并获得相应的 σ_1（$=\sigma_c + \Delta\sigma$）及其方向，根据静力平衡方程条件在 $p-q$ 坐标系中绘制莫尔圆和 K_f 线，计算使用的方程及绘制的图形，如图 3-2 所示。

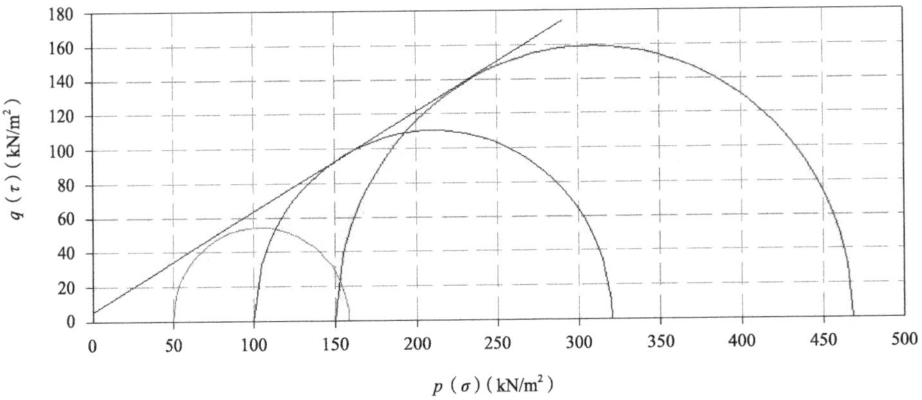

$$\begin{cases} \sigma_\theta = \sigma_1 \cos^2\theta + \sigma_3 \sin^2\theta = \dfrac{\sigma_1+\sigma_3}{2} + \dfrac{\sigma_1-\sigma_3}{2}\cos 2\theta \\ \tau_\theta = (\sigma_1-\sigma_3)\sin\theta\cos\theta = \dfrac{\sigma_1-\sigma_3}{2}\sin 2\theta \end{cases}$$

图 3-2 填料的 K_f 曲线

根据 UU 三轴压缩试验结果，绘制莫尔圆，可以获得任意点、任何方向的应力，强度参数以内摩擦角 φ、黏聚力 c 表示。本研究中使用的填料的摩擦角 φ 和黏聚力 c 分别为 28.3°、1.0kN/m²。

填料性质	表 3-1
物理特性	数值
相对密度 G_s	2.64
最佳含水量（%）	10.8
有效粒径 D_{10}（mm）	0.09
通过 0.074mm 筛的百分含量（%）	8.10
均匀性系数 C_u	7.22
曲率系数 C_c	1.25
液限 LL（%）	NP
塑性指数 PI（%）	NP

物理特性	数值
分类	SP-SM
最大干重度 r_{dmax}（kN/m³）	19.7
渗透系数 k（cm/s）	1.23×10^{-4}
内摩擦角 φ	28.3°
黏聚力 c（kN/m²）	1.0
干重度 r_d（kN/m³）	15.6

3.2.2　加筋材料的性质

加筋材料在复合材料中的作用是增加补强挡土结构的力学性能。

使用厚度 18μm、宽 10mm、长 180mm 的铝箔条来模拟现场使用的加筋材料。

实施拉伸试验，以获得用于模型补强挡土墙的加筋（即铝箔条）的性能。从试验中获得加筋材料的力学性能，包括容许拉伸强度和弹性极限。

用于测试加筋中受控界面的拉拔试验事先进行了设计和验证，可用于测定加筋土系统中的加筋强度、筋—土界面特性及其有效性和完整性。试验获得加筋材料的主要性能列于表 3-2。

加筋性质　　表 3-2

物理特性	数值
尺寸：$L \times W$（mm）	180×10
厚度 t（$\times 10^{-3}$ mm）	18
杨氏模量 E（$\times 10^{6}$ kN/m²）	70

3.2.3　挡土面板的性质

挡土面板可以支挡填充材料，保持稳定，并防止陡峭斜面的坍塌和侵蚀。目前，常用的挡土面板有预制混凝土板、定制金属薄板、钢板、金属板网、电焊网、喷射混凝土（配筋或不配筋），还包括包裹土体，在暴露土体种植草木等。加筋和挡土面板之间的连接方式可以通过将加筋浇筑到混凝土中、铆钉连接、重叠连接或其他连接。

为了探究加筋与面板间的连接类型和挡土面板弯曲刚度对加筋土挡墙系统的影响，选择了两种连接方式和三种挡板厚度，以模拟挡板抗弯刚度的变化。本研究中使用的挡板的主要参数如表 3-3 所示。

面板的主要性质　　表 3-3

物理特性	数值
长 × 宽：$L \times W$（mm）	260×163
厚度（mm）	2，4，6

物理特性	数值
杨氏模量 E（$\times 10^6 \, \text{kN/m}^2$）	70
摩擦系数 μ	0.50 ~ 0.80
泊松比 v	0.32 ~ 0.36
重度（kN/m^3）	270

3.3 离心模型试验原理

3.3.1 离心试验模型中的静力平衡关系

将表示力作用于原型中任意计算单元的二维微分平衡方程应用于离心试验模型时，通常情况下，平衡方程式可以表示为式（3-2）：

$$
\begin{cases}
\dfrac{\partial \sigma_x}{\partial \left(x/N \right)} + \dfrac{\partial \tau_{xy}}{\partial \left(y/N \right)} + NX = 0 \\[3mm]
\dfrac{\partial \tau_{yx}}{\partial \left(x/N \right)} + \dfrac{\partial \sigma_y}{\partial \left(y/N \right)} + NY = 0
\end{cases}
\tag{3-2}
$$

在上式中，消除因子 N 可以得到与原型（图 3-3）完全相同的平衡方程，如式（3-3）所示。

$$
\begin{cases}
\dfrac{\partial \sigma_x}{\partial x} + \dfrac{\partial \tau_{xy}}{\partial y} + X = 0 \\[3mm]
\dfrac{\partial \tau_{yx}}{\partial x} + \dfrac{\partial \sigma_y}{\partial y} + Y = 0
\end{cases}
\tag{3-3}
$$

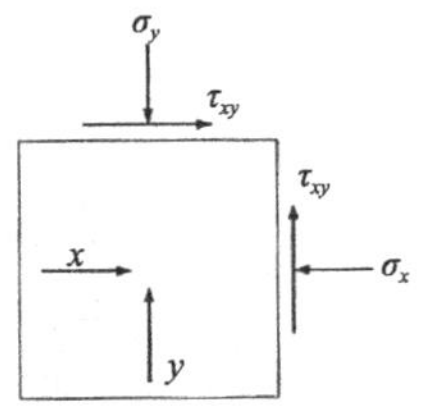

图 3-3　计算单元的静力平衡关系

式中　X——作用于计算单元，并与 X 轴平行的力；

　　　Y——作用于计算单元，并与 Y 轴平行的力；

　　　N——离心模型试验中使用的重力加速度 g 的倍数；

　　　$1/N$——模型的相似因子。

因此，通过使用离心设备人工产生的离心重力加速度 Ng，在尺寸为原型的 $1/N$ 倍的缩尺模型中可以获得与原型相同的应力水平。并且，无论边界条件施加什么类型的力，缩尺模型中任何单元都满足力平衡方程。如果模型试验使用与原型相同的土料和液体，通过离心模型试验，缩尺模型可以完美地再现与原型相同的应力—应变关系特性。

3.3.2 离心模型试验中的相似规则

1. 线性尺寸

基本相似定律源于确保模型与相应原型之间的应力相似的需要，如果将重力加速度 g 乘以 N 再乘以材料密度 ρ，则模型深度 h_m 处的垂直应力 σ_v（下标 m 表示模型）如式（3-4）所示：

$$\sigma_{vm} = \rho N g h_m \tag{3-4}$$

则原型某一深度处的垂直应力（下标 p 表示原型）如式（3-5）所示：

$$\sigma_{vp} = \rho g h_p \tag{3-5}$$

若保持原型和模型在对应深度处的垂直应力相等，

令
$$\sigma_{vm} = \sigma_{vp} \tag{3-6}$$

将式（3-4）、式（3-5）代入式（3-6），并化简得：

$$h_m = \frac{h_p}{N} \tag{3-7}$$

由此可得线性尺寸的相似因子为：

$$\frac{1}{N} = \frac{S_{Model}}{S_{Prototype}} \tag{3-8}$$

模型是对原型按线性比例缩小，模型中的土体应力—应变曲线与原型相同，位移的大小为原型的 $\frac{1}{N}$，相互关系如图 3-4 所示。

图 3-4 和图 3-6 表示模型和相应的原型中的垂直应力分布。两图直接比较了原型和模型的相应深度处的垂直应力分布（注意，为了清楚起见，模型中应力的非线性变化被夸大了）。在原型中深度处 $h_p = N h_m$ 的垂直应力由下式给出：

$$\sigma_{vp} = \rho g h_p = \rho g N h_m = \sigma_{vm} \tag{3-9}$$

2. 固结（扩散）和渗流

Arulanandan 等（1988），Culligan-Hensley 和 Savvidou（1995）众多研究者已经发展并改

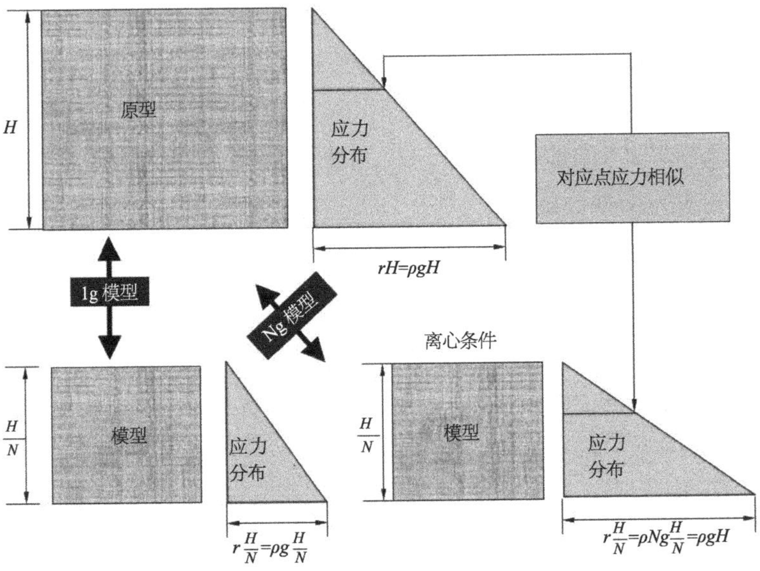

图 3-4 一般缩尺模型、离心试验模型及原型的应力、尺寸对应关系

进了适用于离心试验模型中流体的渗流相似关系，并给出了这些关系的详细描述。

固结与超孔隙水压力的消散有关，属于扩散事件。使用量纲分析法最容易推导出固结时间的相似律。固结度由无量纲时间因子 T_v 表示，定义式为：

$$T_v = \frac{c_v t}{H^2} \tag{3-10}$$

式中 c_v——土层的固结系数；

t——固结历时；

H——排水的最长距离。

若固结度相同，则在模型和原型中 T_v 相同，因此有：

$$\frac{c_{vm} t_m}{H_m^2} = \frac{c_{cp} t_p}{H_p^2} \tag{3-11}$$

由于 $H_p = NH_m$，代入式（3-11）得到：

$$t_m = \frac{1}{N^2} \frac{c_{cp}}{c_{vm}} t_p \tag{3-12}$$

如果在模型和原型中使用相同的材料（通常如此），即固结系数相同，那么固结时间的相似因子是 $1/N^2$。如果由于某种原因引起模型和原型中固结系数不相同，则需要按公式（3-12）调整相似因子的大小。这种相似关系也适用于其他类型的扩散事件，例如热传递。

应该清楚地意识到离心机不是时间加速机器，真正原因是：模型中几何尺度的减小使与时间相关的过程明显加速。同样的相似关系也适用于确定土样渗透特性的室内渗透试验。在缩尺模型中完成固结所需要的时间与试样在重力场中所处时间成 N^2 关系，上述两种情况都与流体的渗流路径长度有关。

关于渗流时间相似定律目前仍有争议，中心问题有两个：关于水力梯度的解释，以及达西渗透率是否是一个基本参数。显而易见的是，在离心试验模型中渗流速率增加。达西渗流定律表达式为：

$$v=ki \tag{3-13}$$

式中　v——表观渗流速度；

　　　k——渗透系数；

　　　i——水力梯度。

在流体力学和水力学中，经常使用固有渗透率，其定义式：

$$K=\frac{vk}{\rho g} \tag{3-14}$$

式中　v，ρ——流体的动态黏度和密度。

在该定义中，K 是土体颗粒的形状、大小和堆积形态的函数。因此，如果在缩尺模型和原型中使用相同的流体，则达西渗透系数显然是重力加速度的函数，其关系为 $k_m=Nk_p$。水力梯度定义为孔隙重流体的水头差 Δs 与发生该水头下降所流经的长度 ΔL 之比，如图 3-5 所示。水力梯度无量纲，有人认为它不能随加速度而变化，即 $i_m=i_p$。

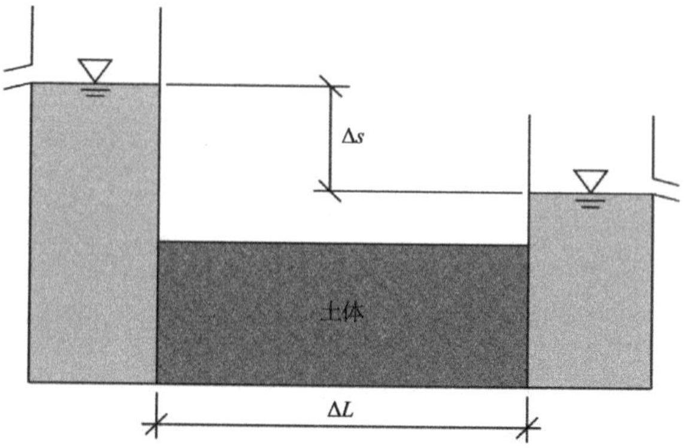

图 3-5　常水头渗流的水力梯度计算示意图

在此基础上，

$$v_m=i_mk_m=i_pNk_p=Nv_p \tag{3-15}$$

上式表明，离心模型中的流速比原型大 N 倍。

虽然这种推理路线是合乎逻辑的，但它具有令人担忧的含义，即土体在零重力场下会变得不可渗透。这是因为已经假设所有渗流都是由重力驱动的。在零重力下，尽管有明显的水力梯度，因为没有压力梯度驱动，多孔介质将变得不可渗透。因此，对于质疑水力梯度的概念仅仅定义为两个长度之比还是有一些益处的。水力梯度更实际的解释是水在流经距离上的压降比，代表压力梯度。由于原型和缩尺模型内的应力（或压力）相同，而流经距离从原型到缩尺模型减少 N 倍，显然上述水力梯度的解释意味着 $i_m = Ni_p$。将达西的渗透率视为材料固有参数，$k_m = k_p$，则有：

$$v_m = i_m k_m = Ni_p k_p = Nv_p \qquad (3-16)$$

即渗流速度具有相似因子 $1:N$，与公式（3-15）中确定的结果相同。

缩尺模型内孔隙内流体沿其流动的路径与原型相比长度为 $1:N$。渗流的时间为：

$$t_m = \frac{L_m}{v_m} = \left(\frac{L_p}{N}\right)\left(\frac{1}{v_p}\right) = \frac{1}{N^2} t_p \qquad (3-17)$$

因此，渗流问题的时间相似因子为 $1:N^2$，与扩散和固结的相似关系相同。但如果由于某些不确定的原因，缩尺模型和原型中的土体具有不同的渗透率，则可以证明时间的相似关系变为：

$$t_m = \frac{1}{N^2} \frac{k_p}{k_m} t_p \qquad (3-18)$$

因此，如果由于某种原因引起模型和原型中渗透系数不相同，则可按公式（3-18）调整相似因子的大小。

在上述所有情况中，我们都假设土体处于完全饱和状态。虽然这通常是一个很好的假设，但在有些情况下，还会涉及部分饱和土体中渗流的建模问题。这是一个重要的问题，特别是在由于污染物溢出引起的沿近地表迁移背景研究，Goforth（1991）、Cook 和 Mitchell（1991）等运用缩尺离心模型对类似问题进行了初步研究。由于人类社会工业化的高度发展，类似研究在未来的离心模型试验中，会越来越多。

表 3-4 中所列的有关用于离心模型试验的原型和缩尺模型的相似关系，有些是不言而喻的，有些已经通过上文推导得出。

离心模型与原型的相似关系 表 3-4

材料	名称	量纲	原型	模型
土／水	重力	$[LT^{-2}]$	1	N
	尺寸	$[L]$	1	$1/N$
	渗流速度	$[LT^{-1}]$	1	N

材料	名称	量纲	原型	模型
土／水	面积	$[L^2]$	1	$1/N^2$
	体积	$[L^3]$	1	$1/N^3$
	加速度	$[LT^{-2}]$	1	N
	质量	$[M]$	1	$1/N^3$
	力	$[MLT^{-2}]$	1	$1/N^2$
	应力	$[ML^{-1}T^{-2}]$	1	1
	应变	—	1	1
	能量	$[ML^2T^{-2}]$	1	$1/N^3$
	质量密度	$[ML^{-3}]$	1	1
	时间（动态）	$[T]$	1	$1/N$
	时间（固结）	$[T]$	1	$1/N^2$
	摩擦系数	—	1	1
	频率	$[T^{-1}]$	1	N
	孔隙比	—	1	1
	饱和度	—	1	1
	渗透性	$[LT^{-1}]$	1	N
加筋／界面	拉力	$[ML^{-1}T^{-2}]$	1	$1/N$[①]
	弹性模量	$[ML^{-1}T^{-2}]$	1	$1/N$[①]
	界面强度	$[ML^{-1}T^{-2}]$	1	1
	界面应力—应变特性	—	1	1[②]

注意：相似系数适用于缩尺模型和原型中使用的材料一致、状态一致。
①对于平面加筋，拉力和弹性模量的单位是 $[ML^{-1}T^{-2}]$。
②当界面应力—应变关系特性同时考虑剪切—应力应变关系影响时，相似系数为 N。

3.3.3 离心试验模型中的误差

3.3.3.1 应力误差

土木工程实践中遇到的土体深度范围内，地球的引力是均匀的。而当使用离心机产生设计所需的高加速度场时，沿半径方向模型尺寸变化范围内加速度大小略有变化。原因是惯性加速度场是离心机以 $\omega^2 r$ 速度旋转而产生的；式中 ω 是离心机的角速度，r 是模型中任意点相对于旋转中心的半径，如果事先确定了重力相似因子 N，并且试样所在的半径也已经合理地确定，则所有的问题迎刃而解。

相似因子 N 的计算与模型的有效离心半径 R_c 有关，其关系式为：

$$Ng = \omega^2 R_c \tag{3-19}$$

若模型顶部的半径为 R_t（见图 3-6），那么模型深度 z 处的垂直应力可以通过以下公式确定：

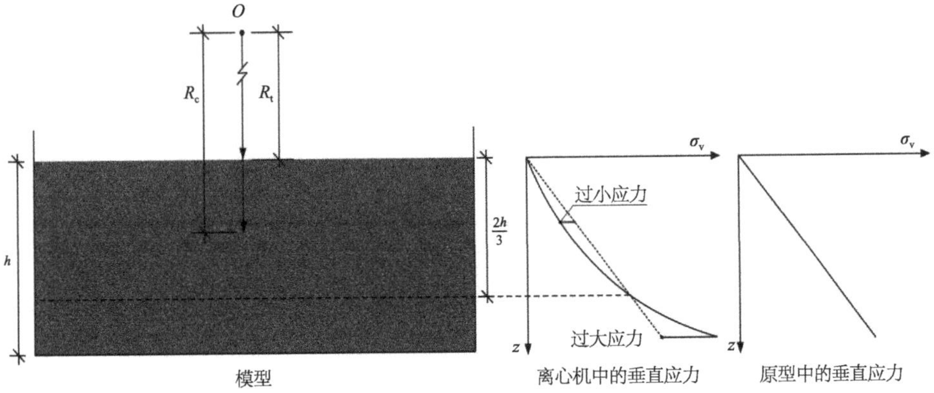

图 3-6　离心试验模型中随深度变化的应力变化与原型的比较

$$\sigma_{vm} = \int_0^z \rho\omega^2(R_t + z)\mathrm{d}z = \rho\omega^2 z\left(R_t + \frac{z}{2}\right) \tag{3-20}$$

如果缩尺模型和原型中的垂直应力在深度 $z=h_i$ 上相同（见图 3-6），则由式（3-10）、式（3-19）和式（3-20）联立求解可以得出：

$$R_c = R_t + \frac{1}{2}h_i \tag{3-21}$$

通过考虑过小应力和过大应力与原型中应力的相对差值，可以得到使应力分布误差最小的简便规则（见图 3-6）。在模型深度 $\frac{1}{2}h_i$ 处发生的最大过小应力与在原型相应深度处的应力比率 r_u 由下式给出：

$$r_u = \frac{\frac{1}{2}h_i\rho gN - \frac{1}{2}h_i\rho\omega^2\left[R_t + \frac{1}{2}\left(\frac{1}{2}h_i\right)\right]}{\frac{1}{2}h_i\rho gN} \tag{3-22}$$

将上式与式（3-20）和式（3-21）联立，化简得：

$$r_u = \frac{h_i}{4R_c} \tag{3-23}$$

类似地，在模型 h_m 底部发生的最大过大应力与原型相应该深度处应力的比值 r_o 可以表示为：

$$r_o = \frac{h_m - h_i}{2R_c} \tag{3-24}$$

假定 $r_u = r_o$，化简得：

$$h_i = \frac{2}{3} h_m \tag{3-25}$$

故可以得到：

$$r_u = r_o = \frac{h_m}{6R_c} \tag{3-26}$$

将式（3-26）代入式（3-21），得：

$$R_c = R_t + \frac{1}{3} h_m \tag{3-27}$$

根据以上推导，在模型和原型之间应力存在精确对应关系的位置为自模型顶向下 $\frac{2}{3} h_m$ 处，有效离心半径为自旋转中心到模型深度的 1/3 处（式 3-27）。应力的最大偏差由式（3-26）计算。对用于土工试验的多数离心设备，$\frac{h_m}{R_c}$ 小于 0.20，因此应力分布的最大误差一般小于原型应力的 3.0%。需要注意的是，即使对半径相对小的离心机（例如 1.5m 有效半径），由非线性应力分布引起的误差对于高度为 300mm 的模型而言还是比较小。

3.3.3.2 缩尺引起的误差

在相似物理模拟试验中，要精确复制原型的所有细节是不可能的，大多数细节都做到近似。必须清醒地认识到缩尺模型研究并不完美，并且还要继续探究这些缺点的成因，通常称之为缩尺效应，并评估这些缺点对试验结果的影响大小。上文所讨论的在离心模型试验中产生的非均匀加速度场对试验结果的影响就是缩尺效应的一个例子。

检测缩尺效应最好的方法是"模型模拟"。这种方法在没有合适的原型来验证模型测试结果时特别有效。在适当的加速度条件下，测试不同比例的离心试验模型，每个模型都对应不同尺寸的原型。模型模拟应预测模型间相同的特性，从而提供模型之间相应模拟过程的校核。但应该注意的是，模型的比例大小通常是有限制的。如可以在同一台离心机上模拟从 40g 到 120g 的试验，其变化范围为 3 倍。因此，虽然"模型模拟"为模拟过程提供了有价值的内部校核、对比，但并不能保证模型数据能够成功地应用到原型中。

1. 粒径影响

在离心模型试验中，人们最常见的问题是在土体颗粒的尺寸没有减小 N 倍的情况下，如何解释离心模型试验的合理性。在将模型尺寸增大到希望的原型时，粒径增大也似乎是合理的。因此，在 1∶100 比例模型中使用的细砂可能被认为是代表砾石；同样，黏土可能被认为是代表细砂。这种看法显然是有缺陷的，因为黏土和细砂各具有明显不同的应力—应变特性。如果计划以较高加速度、较小比例对主要由粗粒土（砾石）组成的原型土体建模，并进行模拟试验，则可能存在一些问题。这种情况下，与模型尺寸相比，土体颗粒尺寸的影响将是显著的；并且模型中的应力—应变关系不可能与原型中的情况相同。模型中土颗粒的局部影响会影响土体的特征，而不是像原型土体那样属于连续体。

因此，开发有关模型尺寸与平均粒径之间临界比例的简明方针是明智的，以避免粒径效应影响。Ovesen（1979、1985）通过在不同加速度下使用不同尺寸的模型进行一系列对应于同一原型的试验，来研究圆形基础在砂土基础上的变形性能。试验数据之间通常是一致的，由此验证了离心试验技术的可行性；但应当注意到：当基础直径与颗粒尺寸之比小于15时，试验结果与其他一般试验特性存在偏差。因此，颗粒的缩尺效应可以控制在某种范围内。然而，这种控制方法可能过于简单，在某些情况下可能需要考虑粒径与剪切面宽度的比值（Tatsuoka等，1991）。重要的是要分辨出，在有些情况下，粒径效应影响可能很重要，因此应进行足够的系列模型试验及相应调查，以评估粒度效应在所研究问题中的重要程度。

2. 旋转加速度场

虽然离心试验机是人工产生高重力加速度场的非常便捷的设备，但模型绕固定轴的旋转会产生一些问题。径向加速度数值受半径大小的影响，导致模型中加速度大小沿模型深度改变而变化。该加速度位于水平面内，方向指向旋转中心，垂直于模型宽度，其方向随时发生变化。因此，加速度存在侧向分量，需要识别该分量对模型中应力分布的影响（图3-7）。

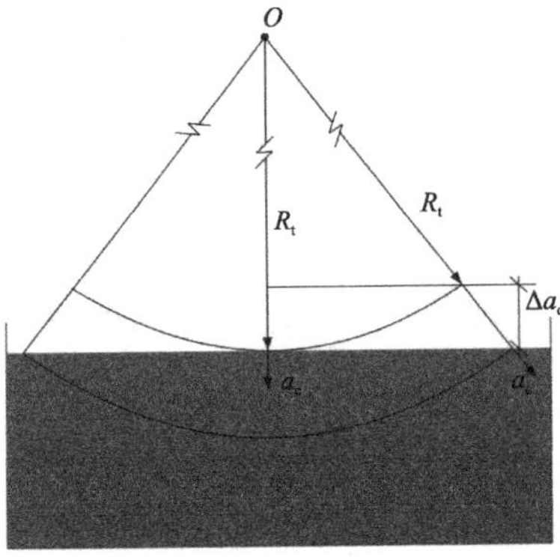

图3-7　离心加速度场的分布

通过设备旋转产生加速度场引起的另一个问题是Coriolis加速度，该加速度由于模型在旋转平面中移动而产生。发生这种问题的原因可能是用于模拟地震活动的基座的水平运动，该模型的主竖向面平行于旋转平面。为避免这种情况的发生，现在许多离心机将模型的主竖向面设置为垂直于旋转平面。但是，旋转平面可能存在垂直速度，仍需要考虑Coriolis加速度的影响。Coriolis加速度a_c与离心机的角速度ω和模型中质点的速度v有关：

$$a_c = 2\omega v \qquad (3-28)$$

该模型的惯性加速度为：

$$a=\omega^2 R_c=\omega V \tag{3-29}$$

式中 V——离心模型的线速度。一般认为，如果比率 a_c/a 小于 10%，即 $v<0.05V$（当 V 相对较小时，v 的上限）时，Coriolis 效应可以忽略不计。

3. 模型制备的影响

岩土工程模型试验通常受模型制备过程及水平的影响，这会给离心机模型试验的使用者带来许多困难。在离心机运行期间，挖掘或建造过程的模拟非常困难。模型土体重量往往很大，而任何设备都需要小巧、轻便、坚固的模型，而且还需要娴熟的设计及模型制备人员。尽管满足这些条件要求还存在许多困难，但研究者正在积极开发新技术和装备。

在模拟模型建造或组装过程中，首先需要考虑的是确定关键细节，这些细节必须被模拟出来，而次要的细节可以用近似的方式考虑。即使模型中有些细节进行了近似，但离心数据仍然有用，因为在任何反向分析中都可以考虑这些因素，因此核实分析次要细节，以便以后方便地应用于原型试验。

Craig（1983）在模拟桩基础条件下考虑了施工过程的影响。如果在研究横向荷载作用下桩的性能，在离心试验开始前，采用比较简单的方法设置基桩是合理的；尽管因安装问题，可能未正确模拟桩的应力分布，但对桩试验结果的整体性能影响不大。但是，如果要研究桩在轴向载荷作用下的性能，则必须在离心机运行期间设置试验桩，因为桩的承载能力受沉桩过程中产生的桩身所受的侧向应力影响较大。

3.3.4　离心试验模型设计

岩土工程离心试验通常用于模拟与缩尺模型相对应的原型的应力—应变情况。对于可以通过直接模拟就可以确定原型特性的参数，例如土体中的有效应力条件时，必须引起足够的注意。对于那些无法直接模拟的参数，建模者必须确保在可能的情况下模拟正确的特性类别。一个常见的例子是模拟孔隙流体通过土体骨架的流动。如果在缩尺模型和原型中使用相同的流体和土体，那么 Reynolds 数将因模型的相似因子 N 而放大。通过确保模型中的 Reynolds 数小于 1，可以保持模型土体骨架中的层流条件与原型相同（Bear，1972）。

在离心试验模型中，只有那些由重力效应支配的过程才会自动增强。为了证实这些过程对原型行为的影响，可以采用 Schofield（1980）所描述的"模型模拟"技术。

Ko（1988）论述了"模型模拟"的原理，如图 3-8 所示，同样高度的原型 10m，可以模拟为全尺模型，原型尺寸的 $1/10$、$1/100$ 分别对应于点 A_1，A_2，A_3。通常"模型模拟"的比例范围比图示范围窄，一般不包括全尺寸测试；然后需要仔细地将试验结果应用到原型。在对比试验中，必须考虑模型尺寸和应力条件对试验结果的影响（Ko，1988）。

对于小尺寸模型，粒径的影响也很重要。土体为颗粒介质。离心模型建模试验者，如 Fugslang 和 Ovesen（1988）通过试验研究发现模型结构的每个线性维度至少有 30 个粒子必须与之接触，以使观察代表原型特性的变形特征。Bolton 和 Lau（1988）经过试验验证，在人为缩小模型

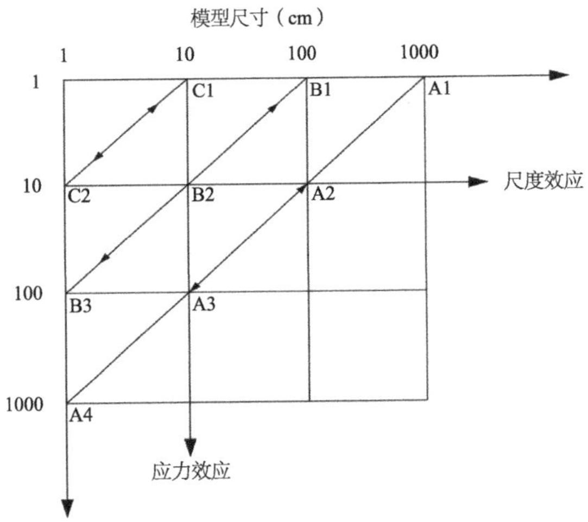

模型尺寸（cm）

图 3-8　模型模拟的原理

（Ko，1988）

中使用的颗粒尺寸之前必须谨慎对待,以确保所使用颗粒的力学性能不改变,包括棱角和抗压强度。

选择模型的缩尺比例时，应确保研究中使用的模型与原型条件一致，且使模型所受的边界效应影响最小。模型缩尺比例的选择受最大模型尺寸的限制，模型最大尺寸与离心机的负载能力和安装台尺寸有关。通常，缩尺比例应尽可能大，以保证模型尺寸最大化：小尺寸模型上测试仪器难以安装；并且模型尺寸越小，对试验设备和模型制备过程要求更高。然而，简单边界值的小型模型对在一个试验土样中进行多个模拟试验，对模型参数开展研究是有价值的。

重力加速度 g 的倍数 N 的大小（离心加速度）一般与模型的缩尺比例相等同，但如 Craig（1993）所描述的，如果试验需要模拟等效材料和部分相似材料时，二者也可能不同。离心加速度大小不是定值，而是随离心半径的增加而线性增加。Schofield（1980）研究表明，应在缩尺土体模型深度处选择合适的离心加速度大小，并且要求模型整体高度不超过有效离心半径的 10%，此时，可以认可的假定是加速度大小在深度范围内为常数。

一般来讲，将缩尺模型结构缩小为与原型具有相同的外部几何形状。其他缩小要求包括支承应力和缩尺模型相对于土体介质的刚度、强度。通常，为符合选定的缩尺准则，这些模型结构可能是由与原型不同的材料制造。

3.4　试验装置

3.4.1　离心机设备

本研究的离心模型试验在忠北大学的东亚离心机上进行。借助该设备能够产生很高的离心加速度，使得模型土体与原型在对应点所受到的应力状态完全相同。离心加速度大小可通过调节控制台上的控制开关实现。图 3-9 给出了该试验设备的通用配置组成，表 3-5 列出了设备的主要技术特性参数。

制造商及型号	Dong-Ah & Seikensha；Dong-Ah 1000-1
离心加速度范围	半径 920mm 时，1 ~ 200g
驱动电机	10HP 液压伺服电机
工作半径	旋转中心到安装台铰链的距离：920mm 旋转中心到安装台底的距离：1280mm
转速范围	0 ~ 500 转 /min
额定荷载	$25g \cdot t$
模型槽尺寸	500mm × 500mm × 300mm（最大值）
数据采集通道	24 个
监控和采集系统	TDS 601 数据记录仪、ASW-20B 加速度传感器、UPC 采集板、计算机、电感式线位移、应变片

该离心试验机在最大加速度 200g、静态试验时的有效额定载荷为 $20g \cdot t$。使用旋转臂两端的双平台，一次试验可以同时安装最大尺寸为 500mm × 500mm × 300mm 的两个模型槽。离心机主传动系统由 5.5kW 的伺服电机和扭矩控制变频器组成，通过皮带驱动离心机旋转臂。旋转臂两端的平衡可以通过调节与试样平台相对的平台上的平衡配重，或者在旋转臂两侧各安装质量相同的模型槽来实现。离心机在半径 920mm（到槽底半径为 1280mm）时，其最大加速度为 200g，最大载荷为 $25g \cdot t$。

离心机自带的数据采集系统能适应各类静态试验。传感器的供电和信号传输由安装在旋转臂中心区域的接线箱实现，接线箱信号经中心轴上设置的旋转滑环输出到设备外，并连接到多功能数据采集板和控制板。该电路板位于离心设备外的主控计算机中，为信号调节箱、两个低通滤波器和多路复用模块提供定时间控制命令、采集并配置数据信息。传感器信号最初由适当的信号调节组件调节。滤波和调节的模拟信号经 ASW-20B 测量装置，通过 6 个数据通道传输至控制计算机中的数据采集板。

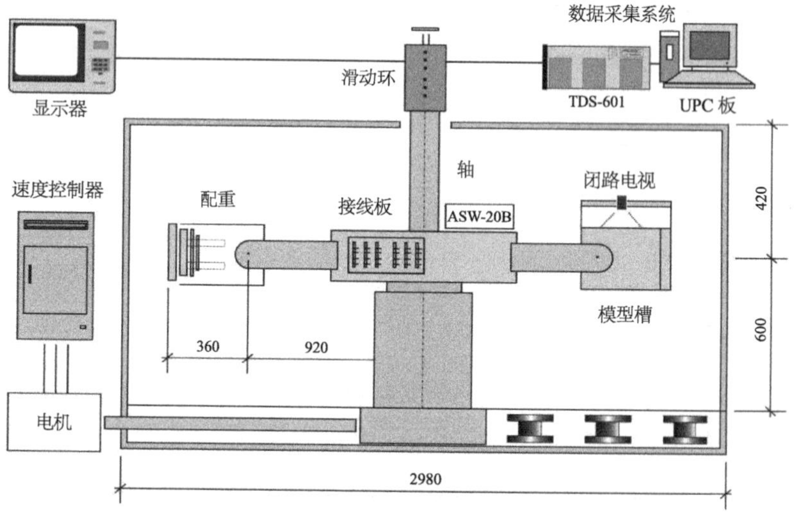

图 3-9　离心试验机装置示意图

共有 24 个电气滑环可用于指令信号和数据传输，其中 ASW–20B 仅使用 2 个滑环通道（1号和 2 号），其余可用于传感器、位移计、供电，视频信号和振动台控制。

将模型槽放置在可以转动的模型安装台上，以确保旋转时，模型槽旋转 90° 土体表面呈竖直状态，垂直于离心加速度方向，即垂直于旋转臂（图 3-10）。

图 3-10　离心试验机设备及记录设备图

3.4.2　模型槽

在使用离心机进行试验时，模型必须安全地建造在与离心设备配套的容器内。土工领域的离心模型试验，一般以无限半空间模拟土体的局部破坏行为，因此，容器边界应再现和原型相同的半无限空间。

在静态试验模型中，一般要求模型槽有较高的侧向刚度且与土体无摩擦的垂直壁，来创建一维固结边界条件，并阻止土体侧向位移。

在本研究中，为减小边界条件对试验结果的影响，使用了允许土体可以在一维发生压缩变形的模型槽，箱子的内部尺寸为 520mm（长度）×165mm（宽度）×350mm（高度）。四个侧壁中，其中一侧由厚度为 20mm 的透明钢化玻璃钢板制作，以便于观察、测量土体内发生的横向和竖向位移，其余三侧和箱底部由 2mm 厚的不锈钢板制成；为防止产生过大变形，不锈钢板外设置了加劲框。图 3-11 所示为模型槽示意图。

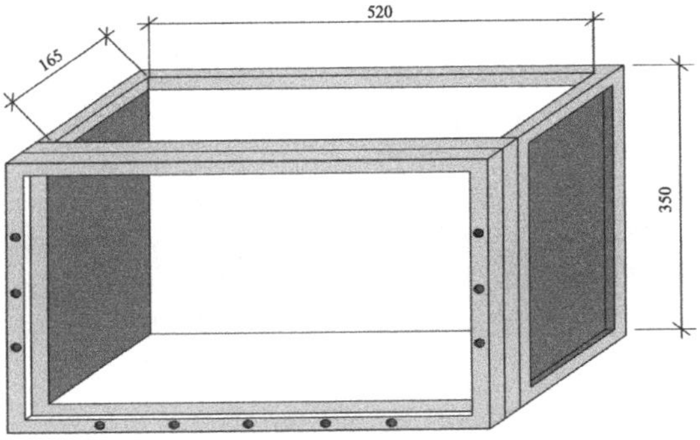

图 3-11　模型槽示意图

3.4.3 模型制备

为了满足加筋土挡墙相似性的要求，控制模型填料的密度（本研究通过控制压实度）和强度指标与原型尽可能相同，模型制备过程中，应遵循下列程序和步骤。

1. 模型横截面

本研究中使用的模型加筋土挡墙的横截面根据加筋土挡墙的设计标准和离心模拟试验设计标准确定，如图 3-12 所示。

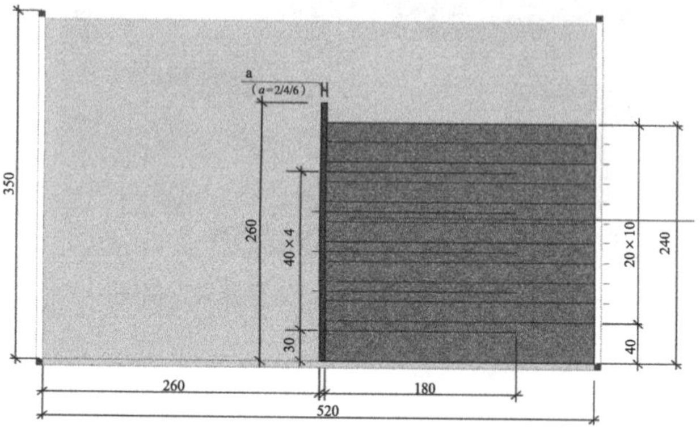

图 3-12　加筋土挡墙模型立面图

然后，在透明薄膜上画出模型横截面外轮廓，同时将加筋土体部分的总高度（240mm）等分成 12 份（每份 20mm），并标明面板、加筋层的位置；然后将薄膜粘在透明钢化玻璃板的外侧，用于控制挡土面板、加筋条位置，确定每层填土的水平高度。

2. 加筋条的准备

本研究中，加筋条采用尺寸为 180mm×10mm 的铝条。加筋条和挡土面板之间的连接使用 U 形接头，并以胶带和胶固定（固定型连接；移动型连接还要三角形扣具）。连接细节如图 3-13 所示。

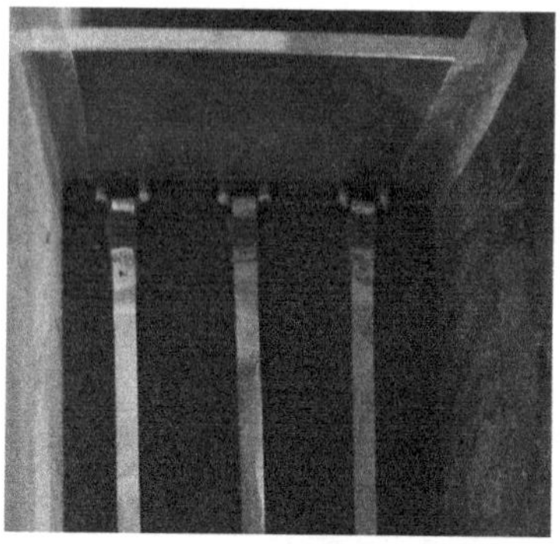

（a） 　　　　　　　　　　　　　（b）

图 3-13　连接类型节点

（a）固定型连接；（b）移动型连接

3. 设置找平层

在施工现场，位于挡土面板下方的基础是普通混凝土或钢筋混凝土垫层，用于调整挡土面板底面的标高，不作为结构基础使用。本研究中，使用容器底板代替找平层。

4. 面板设置

按照设计，采用长 260mm、宽 165mm、厚分别为 2、4、6mm 的铝板作为加筋土模型挡土面板，分别模拟不同抗弯刚度的面板。在铺设填料及压实期间，在面板和箱壁板之间的缝隙间打入楔子以固定挡板，确保其稳定性；如果需要，也可以在面板外侧设置临时固定物。

通过仔细调节，将面板固定在预定的正确位置后，将第一层填料倒入箱中，并开始压实打夯操作，直至填土压实度达到 80%。打夯时，每层压实厚度为 10mm。如果在打夯过程中挡板发生倾斜，并达到不可接受的程度，则需要及时调节面板，纠正过大偏差。

为防止土料嵌入挡土面板与箱壁之间的缝隙，将一片折叠成直角的塑料片遮挡到挡板和容器侧壁缝隙的位置。

5. 加筋的设置

在完成第一层铺土的压实之后，继续填充、压实下一层，当标高达到第一层加筋铝箔条所在位置后，将铝箔（180mm×10mm）平放在已压实的土体上，并将加筋靠近面板的一端部与 U 形扣（对于移动型连接，应增加三角形扣）连接牢固，在进行下一层回填之前，U 形扣须用螺栓固定在挡土面板预先钻好的孔洞内，螺栓上应涂润滑油防腐。

面板与带状加筋条之间的连接，本研究设计两种方式——移动型连接和固定型连接。对于移动型连接，设计了一个三角形扣，置于加筋件和 U 形扣之间。三角形扣能限制加筋件水平移动，但允许加筋随着加筋土沉降一同向下移动。连接类型如图 3-13 和图 3-14 所示。

6. 填料的铺设和压实

填料在加筋层上的铺设应从加筋的中心部位开始。在倾倒填料的过程中，应确保加筋箔条的位置正确。应保证填料层竖直间距相同（即垂直方向上相邻两层加筋件之间的距离为 40mm）；将两层加筋间 40mm 厚的土层分 4 层铺设、压实，即每层 10mm，确保模型土体内压实度相同。

填料压实到适当的压实度，主要目的是最大限度地减少沉降，确保筋—土之间良好的应力传递。每次压实完毕后，应将每层填土表面刮平，确保所有加筋材料整个表面与土体的良好接触。在靠近挡土面板区域，由于补强条连接件的存在，压实操作比较困难，应进行特别处理。按上述要求分层填土、压实每层铺土，直至达到下一排加筋条所在的标高，设置加筋条……直到完成模型。

在模型制备过程中，在靠近透明钢化玻璃面板的土层，每隔 20mm 均匀撒红色砂子，以利于在模型破坏发生后，测定模型的变形，并确定破坏面。

为保证加筋上能够产生足够抗拔力，最上一层加筋上应有足够的覆土厚度，在本研究的横截面设计中，最上层加筋覆土厚度 50mm（图 3-12、图 3-15）。

经过上述过程，使用和原型相同的材料和施工过程，制备了本研究中的所有模型。模型

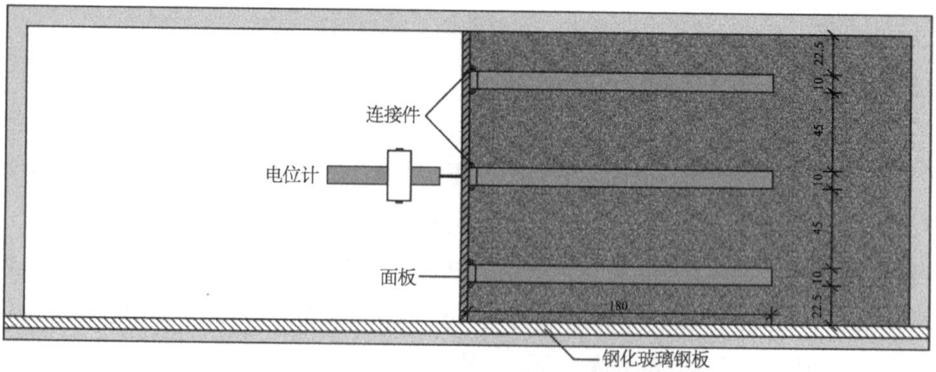

（a）

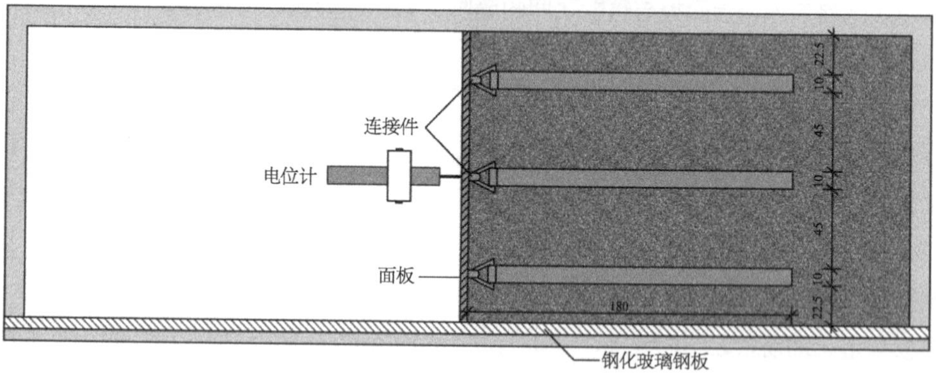

（b）

图 3-14　加筋土挡墙模型平面图

（a）固定型连接；（b）移动型连接

图 3-15　制备完成的模型

最终高度为240mm。本研究中使用的打夯压实工具根据容器的尺寸定制。

3.4.4 测量器具的设置

试验时,加筋土挡墙的侧向和竖向位移用设置在模型侧面和上面的6个位移计测量。其中,1、2、3号位移计测量挡土面板侧向位移,固定于面板外侧,4、5、6号位移计测量加筋土表面垂直变形,用特制刚架固定在模型上面,安装位置如表3-6及图3-16（a）所示。为防止位移计滑动杆杆端刺入模型表面,在4、5、6号位移计测试杆的末端设置了轻质刚垫。

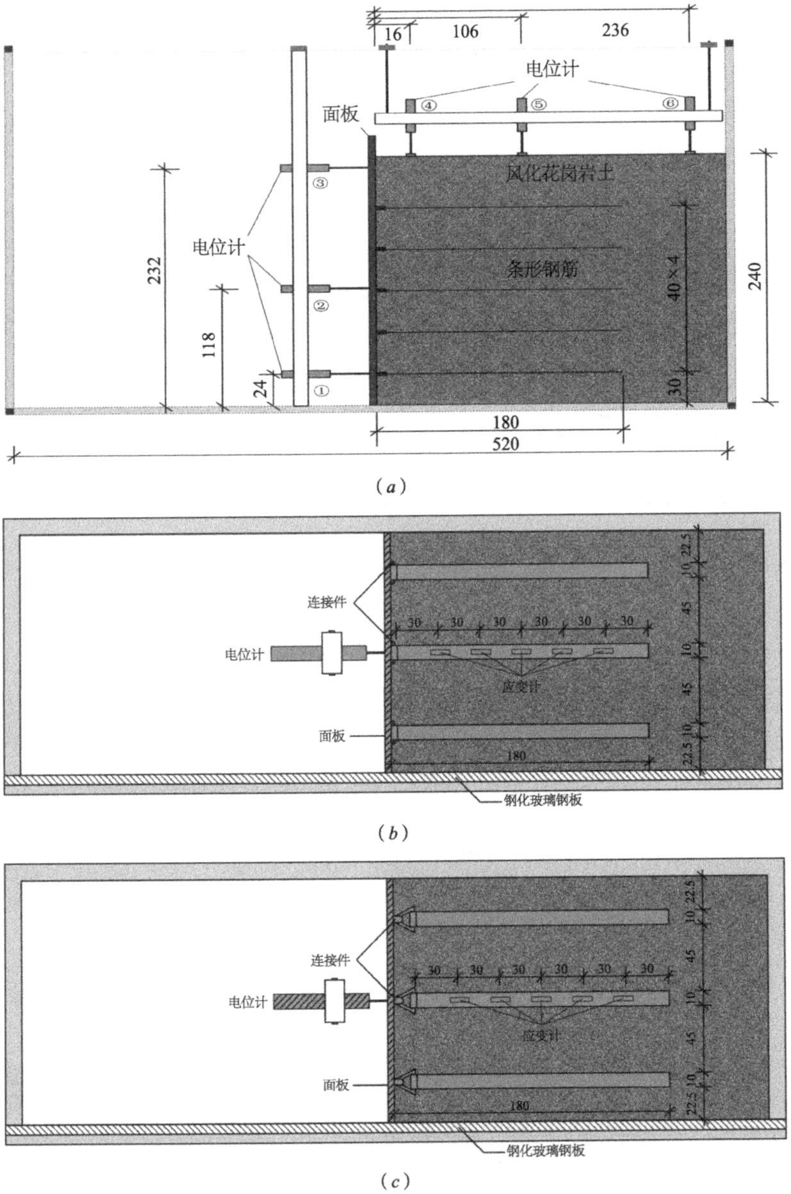

（a）

（b）

（c）

图 3-16　测量器具设置示意图

（a）位移计的设置；（b）应变片排列（固定型）；（c）应变片排列（移动型）

位移计编号	1 号	2 号	3 号	4 号	5 号	6 号
设置位置	0.10H	0.49H	0.97H	0.10H	0.44H	0.90H

说明：设置位置是位移计安装位置与加筋材料高度（H）的比值（安装位置：1、2、3 位移计是从箱底到位移计的距离，4、5、6 号位移计是从箱子中心线到位移计的距离）。

为测定离心模拟试验期间加筋层中的应变，进而探明其拉力大小及分布，在加筋铝箔表面按设计位置，（自下而上）分别在第 1 层、第 2 层、第 4 层、第 5 层的中间一条加筋上粘贴了应变片，应变片中心间距为 30mm（见图 3-16b、c）。模型中设置的测试器具主要参数如表 3-7 所示。

测试器具主要参数 表 3-7

位移计		应变片	
项目	规格	项目	规格
类型	CDP-50	类型	FLA-6-350-23-3L
量程	50mm	测量长度	6mm
额定输出	5000μV/V	应变阻抗	350.6±1.5Ω
额定输出（应变 $K=2.0$）	10000×10^{-6}	应变灵敏度系数	2.13%±1%
灵敏度	200×10^{-6}/mm	温度补偿系数	23×10^{-6}/℃
输入阻抗	350.1Ω	横向灵敏度	0.4%
输出阻抗	348.7Ω		
绝缘性	≥1000MΩ DC50V		
非线性度	0.1%RO	—	
接线电缆	≥0.3mm²		

3.5 离心模型试验

本研究的试验方案内容按加筋和面板之间的连接类型，将试验分为两大类：固定型模型和移动型模型。每类模型又根据面板抗弯刚度（厚度）的不同分为三种试验。试验方案分类及主要参数如表 3-8 所示。

加筋土挡墙模型试验方案内容 表 3-8

模型编号	连接类型	面板厚度（mm）	土的相对密度	加筋条长度（mm）	加筋条厚度（×10⁻³mm）
F-1	固定型	2	2.65	180	20
F-2		4	2.65	180	20
F-3		6	2.65	180	20
M-1	移动型	2	2.65	180	20

模型编号	连接类型	面板厚度（mm）	土的相对密度	加筋条长度（mm）	加筋条厚度（×10⁻³mm）
M-2	移动型	4	2.65	180	20
M-3		6	2.65	180	20

3.5.1 固定型连接系列试验

在本研究所进行的系列试验中，采用固定型连接方式制备加筋土挡墙模型，并对模型进行离心试验，通过更换不同厚度的面板进行建模，通过离心模型试验探明研究面板刚度对加筋土变形、加筋拉力分布以及破坏面位置的影响（图 3-14a、图 3-17、表 3-8）。

在所实施的模型试验中，加筋使用宽 10mm、长 180mm 的铝箔条，各层加筋之间竖向间距为 40mm、水平间距为 45mm。模型编号为 F-1、F-2 和 F-3（F 代表固定型连接）的试验中，挡土面板分别使用厚度为 2、4 和 6mm 的铝板。

图 3-17 固定型连接模型在离心机上固定

3.5.2 移动型连接系列试验

在该类型离心模拟试验中，采用移动型连接方式制备加筋土挡墙模型，通过离心模型试验探明面板刚度对加筋土变形、加筋拉力分布以及破坏面位置的影响（图 3-14b、图 3-18、表 3-8）。除了连接方式采用移动型连接模型外，其他参数与固定型系列模型试验相同。

离心模型试验是一种可以在缩尺模型获得和相应原型中相同应力条件的室内试验方法。在本研究中，使用离心模拟试验，用以探明：挡土面板刚度变化和加筋—挡板面板连接类型的变化对加筋土挡墙模型的竖向和侧向位移的影响（共 6 个试验，见表 3-8）。关于离心试验设备的介绍和试验原理上文已经进行了详细描述。

固定型连接模型是在挡土面板上按设计位置钻直径 3mm 圆孔，然后根据上文所述过程对填料进行压实、铺设加筋条，然后将已经与加筋连好的特制 U 形连接件插入孔中用螺栓固定，最后完成模型制作（见图 3-17）。对于固定型连接模型，面板与加筋件之间连接不允许加筋端部出现竖向相对位移；然而，对于移动型连接模型，连接仅阻止加筋条的水平移动，但允许由于加筋端部土体沉降引起的竖向移动。

图 3-18 移动型连接模型在离心机上固定

模型制备过程中，将模型填料的压实度控制在 80%，以便离心试验期间可以观察到土体的压缩变形。测试机具设置完成后，将整个装置搬到离心设备旋转臂一端的安装台上，并进行固定；同时旋转臂的另一端设置、固定配重块或设置另一套模型装置。安装完成后，按操作要求启动设备，旋转控制台旋钮，逐步增加设备的旋转速度，以达到增加离心加速度的目的，模拟相应原型中的应力增加模式。对于本研究的加筋土挡墙模型试验，设定加速度增量在达到 $40g$ 之前每次增加 $10g$；当超过 $40g$ 直到模型发生破坏，加速度增量每次增加 $2g$。在整个试验过程中，计算机以每分钟 $20 \sim 30$ 次的速度记录位移和应变数据。

当试验完成后，可以通过红色砂彩线的变形来确定每个土层的变形情况。破坏后的模型照片如图 3-19（a）所示。

拆解模型时，先将破坏后的模型拍照记录，并准确标记、测量记录破坏面的位置；逐层挖掘时，也要进行拍照，并详细记录加筋破坏断面情况 [图 3-19（b）]。

（a）    （b）

图 3-19 试验结束后模型拆解

（a）破坏面；（b）加筋破坏断面

4 试验结果与讨论

本研究通过一系列离心模型试验，观察探究了随着加速度的增加，加筋—挡土面板连接形式（固定型和移动型）和挡土面板抗弯刚度（面板厚度 6、4、2mm 分别对应抗弯刚度高、中、低）对模型变形、破坏加速度大小、加筋内拉力分布变化的影响。

4.1 面板抗弯刚度对挡土结构特性的影响

4.1.1 对加筋土竖向位移特性的影响

4.1.1.1 固定型加筋土挡墙模型

离心模型试验在加速度增加直至破坏的过程中，对于固定型连接模型，竖向位移的增加以及最后破坏加速度大小如表 4-1 所示。下文将分别讨论由 4 号（0.1H）、5 号（0.44H）、6 号（0.9H）位移计测定的位移随—加速度的变化关系。

竖向位移—加速度关系（固定型）　　　　　　　　表 4-1

竖向位移（cm）\ 加速度值	F-1			F-2			F-3		
	4 号位移计	5 号位移计	6 号位移计	4 号位移计	5 号位移计	6 号位移计	4 号位移计	5 号位移计	6 号位移计
10g	0.001	0.034	0.001	0.001	0.032	0.002	0.001	0.028	0.002
20g	0.055	0.097	0.051	0.034	0.088	0.037	0.013	0.085	0.040
30g	0.144	0.177	0.089	0.122	0.153	0.071	0.108	0.140	0.069
35g	0.186	0.221	0.114	0.168	0.191	0.099	0.150	0.165	0.089
40g	0.265	0.272	0.135	0.232	0.240	0.120	0.205	0.212	0.111
44g	—	—	—	0.331	0.279	0.151	0.291	0.246	0.127
48g				0.436	0.341	0.184	0.382	0.287	0.151
52g				—	—	—	0.463	0.309	0.179
54g							—	—	—
破坏加速度	44			52			54		

4 号位移计测量的 F-1、F-2、F-3 三种模型加筋土表面沉降量—加速度关系如图 4-1 所示。

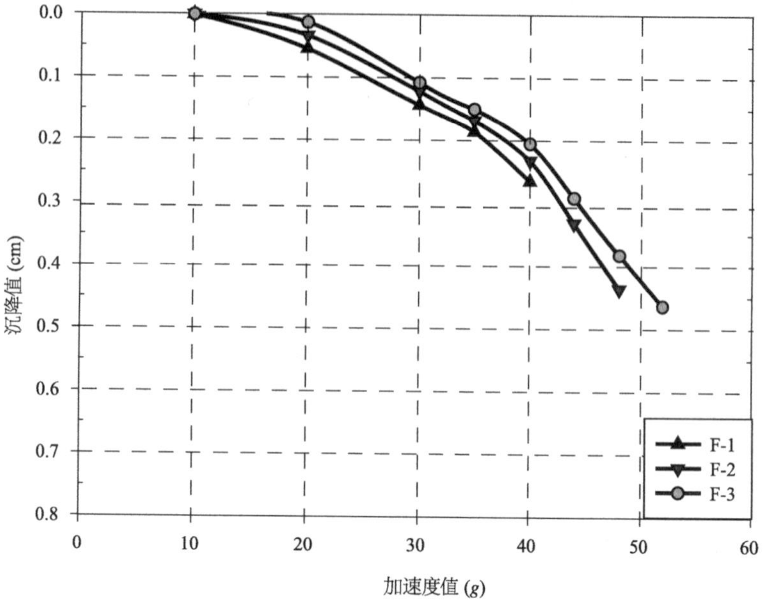

图 4-1   加筋土顶面沉降随加速度增加变化曲线

（固定型，4 号位移计）

随着重力加速度的逐渐增加，三种情况下加筋土体顶面沉降与 G（G 表示离心模型实际离心加速度值，下文同）值之间的变化曲线呈非线性变化趋势。在加速度值 $20g \sim 40g$ 之间，三条曲线中，F-1 的沉降量最大，而 F-3 由于面板抗弯刚度的增加而最小。加速度值为 $40g$ 时，F-2、F-3 的沉降值分别比 F-1 低 12.1% 和 22.6%；F-3 的沉降值比 F-2 低 11.6%。加速度值为 $48g$ 时，F-3 的沉降值比 F-2 低 12.4%（表 4-2）。究其原因，加筋土表面沉降的减少是由于面板厚度（即抗弯刚度）按 F-1、F-2、F-3 的顺序的增加，使加筋土体的侧向位移减小，进而间接降低了模型土体在相同高度和宽度处的垂直位移的大小。

图 4-2 和图 4-3 表示由 5 号、6 号位移计所测定的地面沉降—加速度变化曲线。曲线表现出与图 4-1 相似的非线性趋势，但变形值的大小存在较大差异。

图 4-2 中加速度值 $10g \sim 20g$ 之间、图 4-3 中加速度值 $10g \sim 30g$ 之间，F-2 与 F-3 沉降量基本相同；但当加速度值分别超过 $20g$（图 4-2）和 $30g$（图 4-3）时，F-2 和 F-3 曲线表现出较大差异。

当加速度值为 $40g$ 时，在图 4-2 中 F-2 和 F-3 的沉降值分别比 F-1 低 11.8% 和 22.0%，F-3 比 F-2 低 11.7%；在图 4-3 中 F-2 和 F-3 的沉降值分别比 F-1 低 15.9% 和 17.8%，F-3 比 F-2 低 7.5%。当加速度值为 $48g$ 时，图 4-2 中 F-3 比 F-2 的沉降值低 15.8%，图 4-3 中 F-3 比 F-2 的沉降值低 17.9%（见表 4-2）。

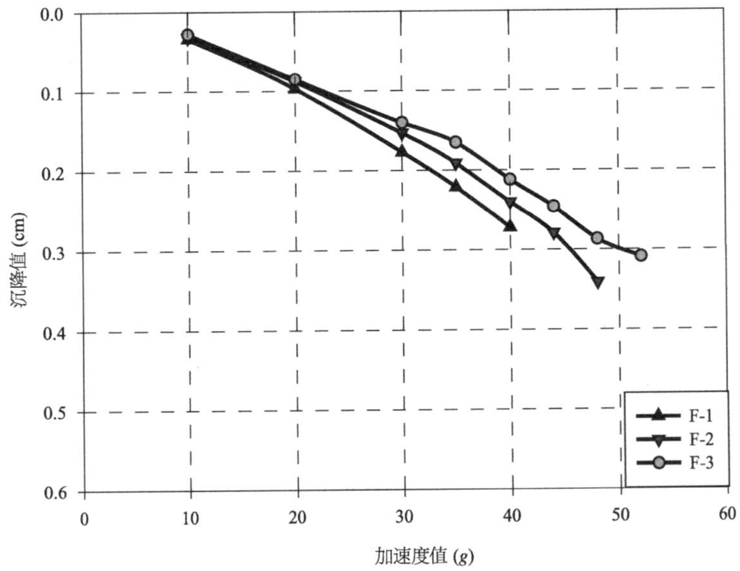

图 4-2 加筋土顶面沉降随加速度增加变化曲线

（固定型，5号位移计）

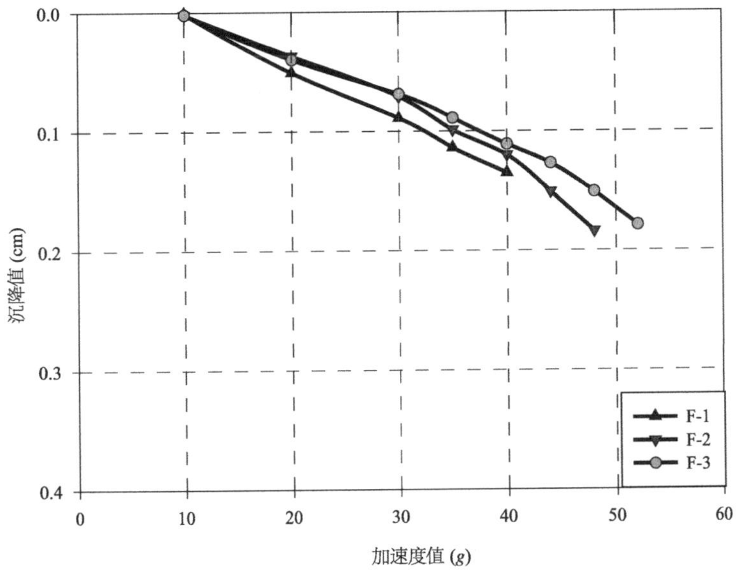

图 4-3 加筋土顶面沉降随加速度增加变化曲线

（固定型，6号位移计）

沉降比（固定型，面板厚度变化）　　　　　　　　　　表 4-2

加速度值	沉降比	4号位移计	5号位移计	6号位移计
40g	R_{FF21}（%）	−12.1	−11.8	−15.9
	R_{FF31}（%）	−22.6	−22.0	−17.8
	R_{FF32}（%）	−11.6	−11.7	−7.5

加速度值	沉降比	4号位移计	5号位移计	6号位移计
48g	R_{FF32}（%）	−12.4	−15.8	−17.9

注：$R_{FFij} = \dfrac{S_{F-i} - S_{F-j}}{S_{F-j}} \times 100\%$，$i=2$，$3$；$j=1$，$2$。"+"表示增加，"−"表示减少。

由以上试验结果及其计算分析可知，随着面板抗弯刚度的增加，加筋土的沉降量都减小；对于移动型连接，随着离心加速度值（即所建挡土墙高度）的增大，沉降量的减小趋势逐渐增大，这意味着弯曲刚度对沉降量的影响随着加速度值的增大而增大。但对于固定型连接型加筋土挡墙模型，没有发现沉降减小比率沿加筋土表面的分布规律。

4.1.1.2　移动型加筋土挡墙模型

表4-3列出了移动型离心模型系列试验所得到的在相应加速度值下的竖向位移，及各模型的破坏加速度值。下面将依次讨论、分析试验结果。

竖向位移—加速度关系（移动型）　　　　　　　　　　　表4-3

竖向位移（cm）\加速度值	M-1			M-2			M-3		
	4号位移计	5号位移计	6号位移计	4号位移计	5号位移计	6号位移计	4号位移计	5号位移计	6号位移计
10g	0.028	0.065	0.030	0.020	0.033	0.023	0.001	0.030	0.019
20g	0.117	0.142	0.090	0.047	0.091	0.060	0.036	0.097	0.059
30g	0.259	0.229	0.129	0.180	0.163	0.103	0.148	0.155	0.100
35g	0.312	0.300	0.152	0.242	0.235	0.127	0.188	0.193	0.123
40g	0.382	0.349	0.194	0.297	0.288	0.151	0.260	0.244	0.139
44g	0.474	0.404	0.218	0.402	0.337	0.174	0.359	0.312	0.163
48g	0.612	0.456	0.230	0.588	0.409	0.228	0.523	0.393	0.192
52g	—	—	—	0.747	0.484	0.264	0.682	0.438	0.215
56g	—	—	—	—	—	—	0.793	0.548	0.222
58g	—	—	—	—	—	—	—	—	—
破坏加速度	52g			56g			58g		

图4-4为对模型 M-1、M-2、M-3 进行离心试验时，4号位移计测得的加筋土表面沉降与离心加速度关系曲线。

由图4-4曲线可以看出，随着离心加速度值的逐渐增加，整体沉降曲线形状与图4-1非常相似，不同的是，在加速度值为 40g 时，每条曲线上都有"拐点"。在"拐点"前后的曲线都表现为非线性；在拐点以后、破坏发生前，曲线明显变陡，即变形速率加大。

加速度值自 20g 开始直到模型发生破坏，比较3条曲线的沉降量大小发现，M-1 的沉降量最大、M-2 的居中、M-3 的沉降量最小。究其原因，是因为面板的抗弯刚度 M-1 最小，M-3 最大。

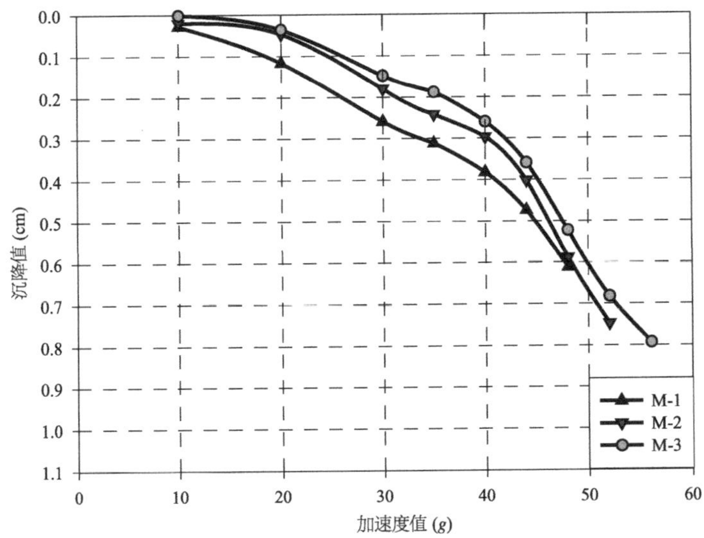

图 4-4 加筋土顶面沉降随加速度增加的变化关系曲线

（移动型，4 号位移计）

从具体数值上看，当加速度值为 40g 时，M-2、M-3 沉降值分别比 M-1 低 22.2%、6.0%，M-3 沉降值比 M-2 低 12.5%；当加速度值为 48g 时，M-2、M-3 沉降值分别比 M-1 低 3.9%、14.5%，M-3 沉降值比 M-2 低 11.0%；当加速度值为 52g 时，M-2 的沉降值是 M-3 沉降值的 1.09 倍。

5 号、6 号位移计测得的结果分别如图 4-5 和图 4-6 所示。与图 4-4 的变形趋势相似，但没有观察到曲线上出现"拐点"，但曲线相互间数值出现较大差异。

图 4-5 中，在加速度大小为 10g ~ 30g（图 4-6 加速度大小为 10g ~ 35g）范围内时，M-2

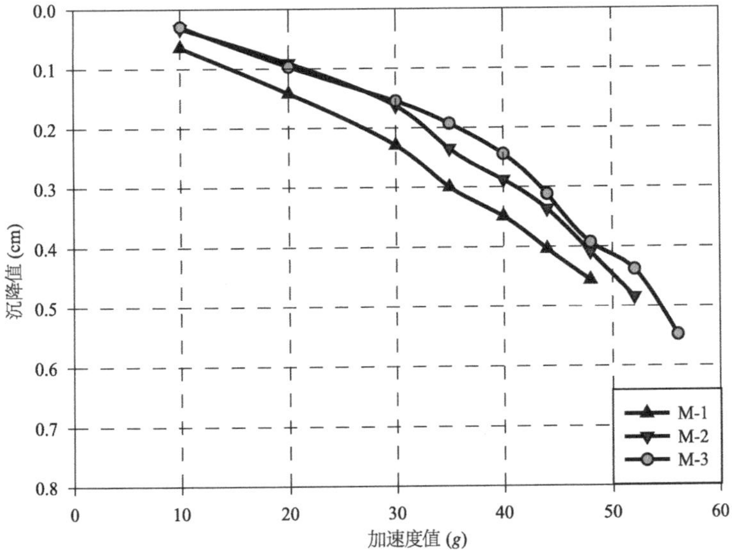

图 4-5 加筋土顶面沉降随加速度增加的变化关系曲线

（移动型，5 号位移计）

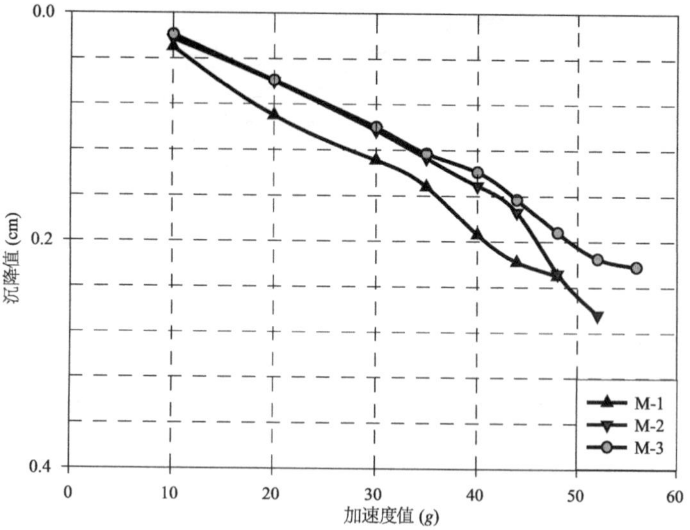

图 4-6 加筋土顶面沉降随加速度增加的变化关系曲线
（移动型，6 号位移计）

与 M-3 的沉降量基本相同，大于该值后，M-2 和 M-3 曲线出现明显差异。从具体数据上看，加速度值为 40g 时，图 4-5 中 M-2 和 M-3 的沉降值分别比 M-1 低 17.5%、10.6%，M-3 比 M-2 低 15.3%；图 4-6 中 M-2 和 M-3 的沉降值分别比 M-1 低 22.2%、16.0%，M-3 比 M-2 低 7.9%；加速度值为 48g 时沉降比见表 4-4 所列数值。

在面板宽度和高度不变的情况下，厚度（抗弯刚度）按 M-1、M-2、M-3 的顺序增加，意味着面板柔度逐渐降低，由于面板的约束，土体的侧向变形也相应减小，模型的垂直位移也会像我们在试验中观察到的那样受到间接影响而减小。

通过以上对移动型连接模型的试验结果的分析可知，加筋土体的竖向位移（沉降）随着面板抗弯刚度的增加而减小。我们也注意到，加速度值稍高（48g）时的沉降比略小于加速度值为 40g 的值，这意味着对于移动型连接模型，随着加速度值的增加，挡土面板抗弯刚度的变化对加筋土挡墙模型沉降值的影响在减少，与固定型连接模型试验结果不相同。

沉降比（移动型，面板厚度变化）　　　　　　　　　　　表 4-4

加速度值	沉降比	4 号位移计	5 号位移计	6 号位移计
40g	R_{MM21}（%）	−22.2	−17.5	−22.2
	R_{MM31}（%）	−31.9	−30.1	−28.4
	R_{MM32}（%）	−12.5	−15.3	−7.9
48g	R_{MM21}（%）	−3.9	−10.3	−0.9
	R_{MM31}（%）	−14.5	−13.8	−16.5
	R_{MM32}（%）	−11.0	−3.9	−15.8

注：$R_{MMij} = \dfrac{S_{M-i} - S_{M-j}}{S_{M-j}} \times 100\%$，$i=2$，3；$j=1$，2。"+"表示增加，"−"表示减少。

4.1.2 对面板侧向位移的影响

4.1.2.1 固定型加筋土挡墙模型

图 4-7 ~ 图 4-12 表示面板抗弯刚度对加筋土挡墙侧向位移影响的离心试验结果，试验数据见表 4-5。

需要注意的是，不同类型模型的最大侧向位移发生的位置在 $0.3H \sim 1.0H$（H 为墙高），Matsuo 等（1998）发现分离式刚性块式面板加筋土挡墙墙面最大侧向位移发生在 $0.3H \sim 0.5H$ 范围内，而整体式刚性面板加筋土挡墙的发生在 $1.0H$ 处。本研究设计的面板厚度为 $2 \sim 6mm$，其抗弯刚度性能在分离式面板与整体式面板之间，故与 Matsuo 等（1998）的观察结果一致。在本研究中，使用三种厚度的面板来研究抗弯刚度对模型性能的影响。根据试验结果和抗弯刚度大小，由于在三种模型中 F-1 模型使用的面板厚度（抗弯刚度）最小，可以将其近似看做"分离式刚性块式面板"墙体。

为了比较 F-1、F-2 和 F-3 模型之间的位移特性，以 3 号位移计（位移计安装及编号见图 3-16）测得的侧向位移结果，分析挡土面板抗弯刚度的变化对最大侧向位移的影响，如图 4-7 所示。之所以选择 3 号位移计，是因为根据 Matsuo 等（1998）的观点：其安装位置（$0.97H$）与整体式刚性面板加筋土挡墙最大侧向位移位置相同。

侧向位移—加速度关系（固定型）　　　　表 4-5

加速度值＼侧向变形（cm）	F-1			F-2			F-3		
	1 号位移计	2 号位移计	3 号位移计	1 号位移计	2 号位移计	3 号位移计	1 号位移计	2 号位移计	3 号位移计
10g	0.001	0.001	0.001	0.001	0.001	0.001	0.002	0.002	0.003
20g	0.004	0.024	0.019	0.001	0.04	0.016	0.002	0.020	0.019
30g	0.009	0.061	0.039	0.008	0.051	0.033	0.006	0.049	0.059
35g	0.012	0.077	0.047	0.012	0.073	0.055	0.011	0.062	0.083
40g	0.018	0.102	0.074	0.017	0.097	0.099	0.016	0.090	0.149
44g	—	—	—	0.026	0.157	0.252	0.023	0.147	0.248
48g				0.041	0.214	0.340	0.031	0.209	0.397
52g							0.045	0.287	0.544
54g							—	—	—
破坏加速度	44g			52g			54g		

图 4-7 表示随着模型离心加速度的不断增大，不同面板抗弯刚度模型挡土面板侧向位移的变化情况。在 $10g \sim 40g$ 之间，侧向位移增加缓慢，但当加速度值超过 $40g$ 后，侧向位移的增加突然变大，直至破坏发生。在加速度为 $44g$ 时，模型 F-2 和 F-3 的位移相同，加速度超过 $44g$ 后，两者的差值又变得较大；但对于模型 F-1 的位移—加速度曲线，在从 $10g$ 直至 $40g$ 破坏发生的

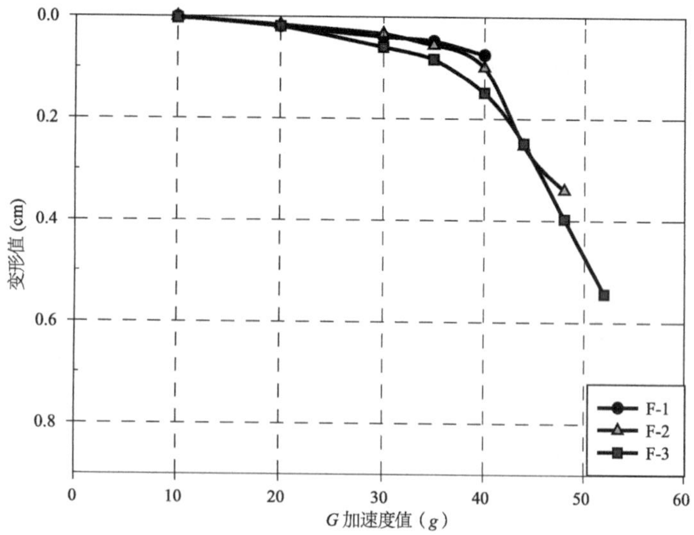

图4-7 挡土面板侧向位移随加速度增加的变化关系曲线

（固定型，3号位移计）

过程中，变形曲线表现为斜率一致的直线关系水平，并且对应变形值和曲线 F-2 几乎相等。从具体数值上看，在加速度值为 40g 时，F-2、F-3 的位移值分别比 F-1 大 33.8%、101.4%，F-3 的位移值比 F-2 大 50.5%。加速度为 48g 时的所有试验的位移比如表 4-6 所示。

图 4-8 为不同面板刚度模型侧向位移与加速度关系曲线。曲线上的点除位移值大小不同外，其形状与图 4-7 十分相似。对模型 F-1，加速度大小从 10g 直到 40g，变形曲线表现为斜率相同的近似线性的变形关系，且 F-1 曲线上的变形值是三种情况中最大的。在加速度值为 40g 时，F-2、F-3 的侧向位移值分别比 F-1 低 4.9%、11.8%、F-3 的侧向位移值比 F-2 低 15.3%。加速度值为 48g 时的位移比见表 4-6。

由图 4-9 所示的侧向位移—加速度关系曲线可以看出，随着加速度的不断增加，该曲线呈非线性变形趋势。除曲线上相应点的大小不同之外，位移曲线的形式与图 4-8 基本相同。对于模型 F-1，当加速度值在 10g ~ 40g 范围时，关系曲线表现出斜率相同的近乎线性的变形关系，且 F-1 曲线上的变形值是三种情况中最大的。从数据上来看，当加速度值为 40g 时，F-2、F-3 的位移值分别比 F-1 低 5.6%、11.1%，F-3 的位移值比 F-2 低 5.9%；具体计算结果见表 4-6（包括当加速度值 48g 的数值）。

通过以上分析可以看到：对于固定型连接加筋土挡墙模型，面板抗弯刚度的变化对墙体变形性能的影响略有不同。在试验所涉及的三种情况下，随着面板抗弯刚度的增加，墙体中部的整体侧向位移略有减小，而在 0.97H 处，侧向位移明显增大。究其原因，在挡土面板高度和宽度都不变的情况下，厚度增加，使得挡土面板本身的抗弯刚度增加，使得平面外变形减小。根据 Matsuo 等（1998）的观测，分离式刚性块式面板加筋土挡墙的最大位移值发生在 0.3H ~ 0.5H 范围内，整体式刚性面板加筋土挡墙的最大位移值发生在 1.0H 处。据此，我们可以推断随着面板刚度的不断增加，最大侧向位移发生的位置会向挡板顶部移动，最后达到面板的最顶部。

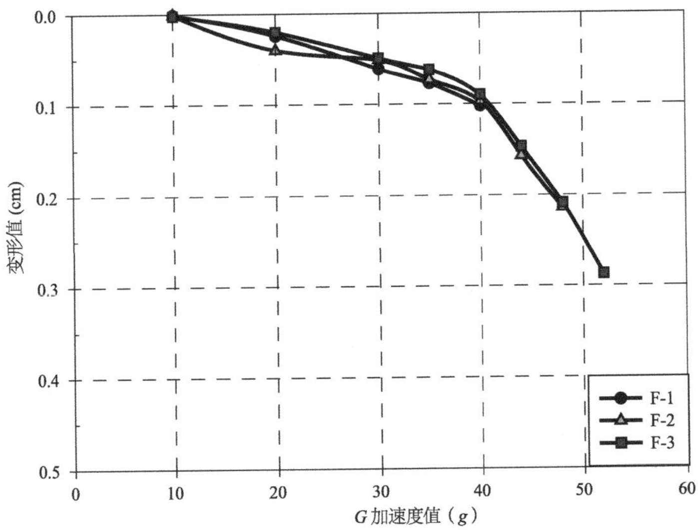

图 4-8　挡土面板侧向位移随加速度增加的变化关系曲线

（固定型，2 号位移计）

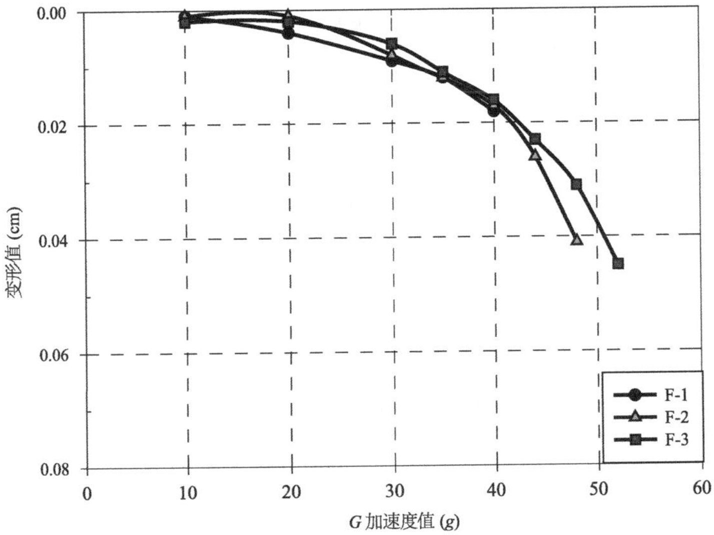

图 4-9　挡土面板侧向位移随加速度增加的变化关系曲线

（固定型，1 号位移计）

侧向位移比（改变面板厚度，固定型）				表 4-6
加速度值	侧向位移比	1 号位移计（0.1H）	2 号位移计（0.49H）	3 号位移计（0.97H）
	R_{FF21}（%）	−5.6	−4.9	+33.8
40g	R_{FF31}（%）	−11.1	−11.8	+101.4
	R_{FF32}（%）	−5.9	−7.2	+50.5
48g	R_{FF32}（%）	−24.4	−2.4	+16.8

注：$R_{FFij} = \dfrac{L_{F-i} - L_{F-j}}{L_{F-j}} \times 100\%$，$i = 2$，$3$；$j = 1$，$2$。"+"表示增加，"−"表示减少。

在本研究中，由于模型挡土面板与模型槽钢化玻璃面板、不锈钢侧壁之间的边界摩擦，约束挡土面板的侧向位移，进而可能会产生侧向位移误差。

4.1.2.2 移动型加筋土挡墙模型

采用三种厚度（2、4、6mm）的挡土面板建模，进行了系列离心模拟试验，以探究面板抗弯刚度对移动型加筋土挡墙模型变形性能的影响，试验结果见表4-7。

侧向位移—加速度关系（移动型）　　　　表4-7

加速度值 ＼ 侧向位移（cm）	M-1			M-2			M-3		
	1号位移计	2号位移计	3号位移计	1号位移计	2号位移计	3号位移计	1号位移计	2号位移计	3号位移计
10g	0.001	0.001	0.003	0.001	0.002	0.002	0.003	0.008	0.012
20g	0.004	0.032	0.052	0.025	0.046	0.024	0.019	0.037	0.053
30g	0.029	0.115	0.099	0.036	0.079	0.064	0.030	0.076	0.123
35g	0.053	0.141	0.146	0.042	0.107	0.155	0.035	0.104	0.174
40g	0.062	0.166	0.167	0.048	0.138	0.210	0.037	0.126	0.220
44g	0.083	0.239	0.244	0.054	0.173	0.279	0.043	0.160	0.301
48g	0.100	0.301	0.309	0.059	0.269	0.490	0.052	0.221	0.410
52g	—	—	—	0.067	0.387	0.744	0.061	0.298	0.575
56g				—	—	—	0.083	0.417	0.815
58g							—	—	—
破坏加速度	52g			56g			58g		

为比较 M-1、M-2、M-3 三种模型的侧向位移特性，以 3 号位移计测得的值作为代表值，位移—加速度变化曲线如图 4-10 所示。根据试验结果，三种模型中 M-1 面板的抗弯刚度最小，

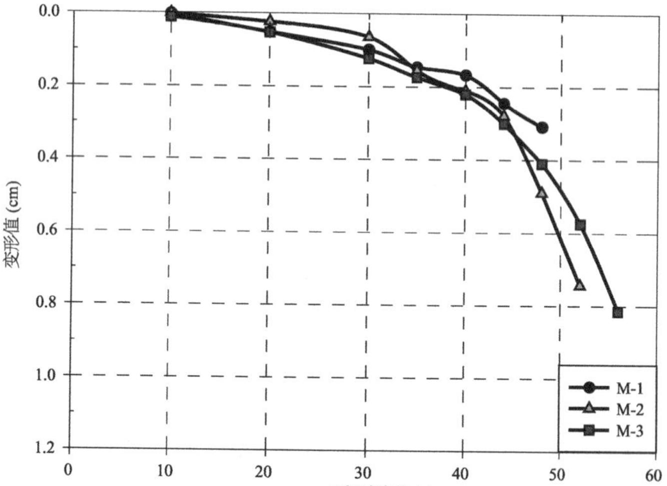

图4-10　挡土面板侧向位移随加速度增加的变化关系曲线

（移动型，3 号位移计）

我们将该模型的挡土面板看做"分离式刚性块式面板"。

图 4-10 中，在加速度 10g 到 40g 之间，三个模型的位移的增加幅度非常小；在加速度超过 40g 之后，位移的增加值突然明显变大，直到发生破坏。加速度值为 44g 时，M-2 和 M-3 的位移几乎相等，与图 4-7 相似，但大于 44g 后，二者变形又出现较大差异；而对于模型 M-1，加速度值从 10g 直至达到破坏，侧向变形—加速度曲线表现出近乎线性的变形行为；加速度值在 35g 以上时，M-1 的侧向位移最小。从具体数据上看，当加速度值为 40g 时，M-2、M-3 的位移值分别比 M-1 大 25.8%、31.8%，M-3 的位移值比 M-2 大 4.8%。侧向位移比见表 4-8（包括加速度为 48g 时的数据）。

图 4-11 表示随着加速度值的增加，由 2 号位移计所测定的位移—加速度变化关系曲线。模型 M-1 在 10g ~ 40g 范围内，模型 M-2、M-3 在 10g ~ 44g 范围内，侧向位移增加随加速度变化较小。在加速度值超过 40g 或 44g 之后，三个模型的侧向位移增加突然变大，直到破坏发生。并且在 10g ~ 44g 范围内，M-2 和 M-3 的侧向位移几乎相等，当加速度值超过 44g 之后，两个模型的侧向位移差异越来越大；但对于 M-1，从变形开始直到模型发生破坏，变形—加速度曲线几乎都呈直线关系。从变形数据上看，在加速度值为 40g 时，M-2、M-3 的位移值分别比 M-1 低 16.9%、24.1%，M-3 的位移值比 M-2 低 8.7%。位移比数据见表 4-8（包括加速度值为 48g 时的位移比）。

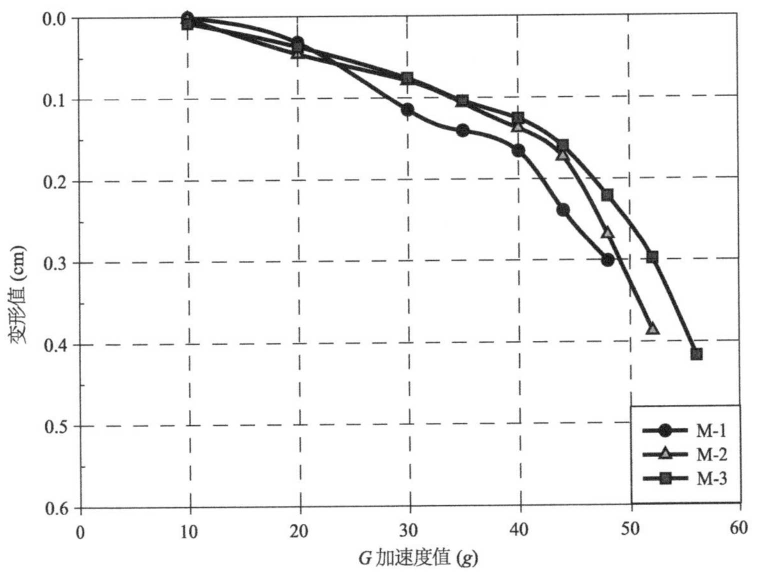

图 4-11　挡土面板侧向位移随加速度增加的变化关系曲线

（移动型，2 号位移计）

图 4-12 表示随着加速度值的逐渐增加，1 号位移计测得的侧向位移—加速度关系图。在加速度值 10g ~ 30g 范围内，M-1 的位移增加趋势与图 4-9、图 4-10 所示不一致，而当加速度值超过 30g 后，曲线趋势与图 4-10 基本相似。当加速度值为 40g 时，M-2、M-3 的位移值分

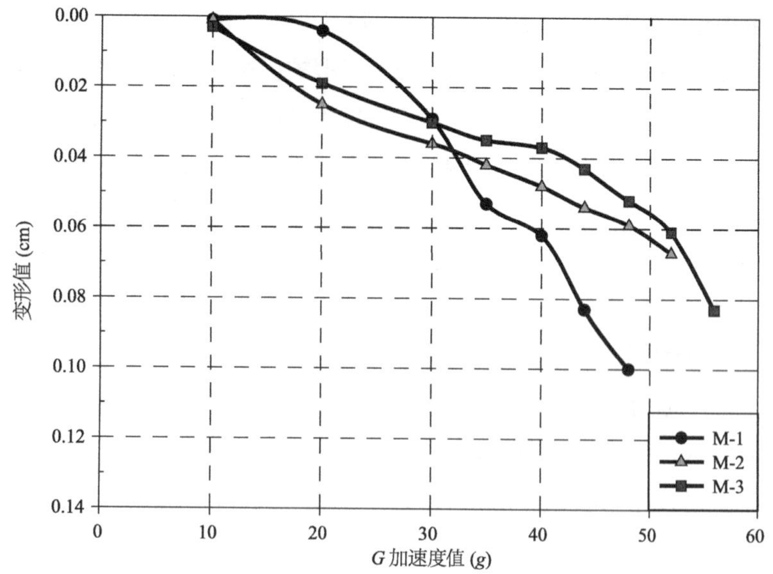

图 4-12 挡土面板侧向位移随加速度增加的变化关系曲线

（移动型，1 号位移计）

别比 M-1 低 22.6%、40.3%，M-3 的位移值比 M-2 低 22.9%。位移比数据见表 4-8（包括加速度值为 48g 时的位移比）。

侧向位移比（移动型，改变面板厚）

表 4-8

加速度值	侧向变形比	1 号位移计（0.1H）	2 号位移计（0.49H）	3 号位移计（0.97H）
40g	R_{MM21}（%）	−22.6	−16.9	+25.8
	R_{MM31}（%）	−40.3	−24.1	+31.7
	R_{MM32}（%）	−22.9	−8.7	+4.8
48g	R_{MM22}（%）	−41.0	−10.6	+58.6
	R_{MM31}（%）	−48.0	−26.6	+32.9
	R_{MM22}（%）	−11.8	−17.8	−16.3

注：$R_{MMij} = \dfrac{L_{M-i} - L_{M-j}}{L_{M-j}} \times 100\%$，$i = 2$，3；$j = 1$，2。"+"表示增加，"−"表示减少。

  在本研究中，采用不同抗弯刚度挡土面板的移动型连接挡土墙模型，其挡土面板侧向位移特性存在较大差别。随着面板抗弯刚度的增加，在墙体高度 0.1H 和 0.49H 处，三种模型的侧向位移均有所减小，但在高度 0.97H 处，最大的侧向位移发生在面板抗弯刚度最大的 M-3 中，最小的侧向位移发生在 M-1 中。墙体高度 0.1H 和 0.49H 的侧向位移的减少是因为在面板高度和宽度不变的情况下，由于挡土面板厚度的增加，抗弯刚度也随着增加，进而减少面板弯曲值的大小。根据 Matsuo 等（1998）的观察，分离式刚性块式面板加筋土挡墙最大侧向位移发生在 0.3H ~ 0.5H 处，整体式刚性面板加筋土挡墙最大侧向位移发生在 1.0H 处。因此，我们可以推断，随着挡土面板抗弯刚度的不断增加，最大侧向位移发生的位置会向上移动，直至达到面板的顶部。即 M-3 在 0.97H 处的侧向位移最大，而 M-1 的侧向位移最大值在 0.49H 处。

4.2 加筋连接方式对加筋土挡土结构特性的影响

本研究还通过改变加筋的连接方式（固定型连接和移动型连接）进行离心模型试验，以评估该因素对加筋土挡墙竖向和侧向位移特性的影响。试验结果见表 4-1、表 4-3、表 4-5。

4.2.1 对填料沉降的影响

图 4-13 表示 F-1 和 M-1 两种情况下，随着加速度连续增加，墙体后加筋土表面沉降量增加的关系曲线。在整个试验过程中，沉降—加速度关系曲线表现为非线性关系。

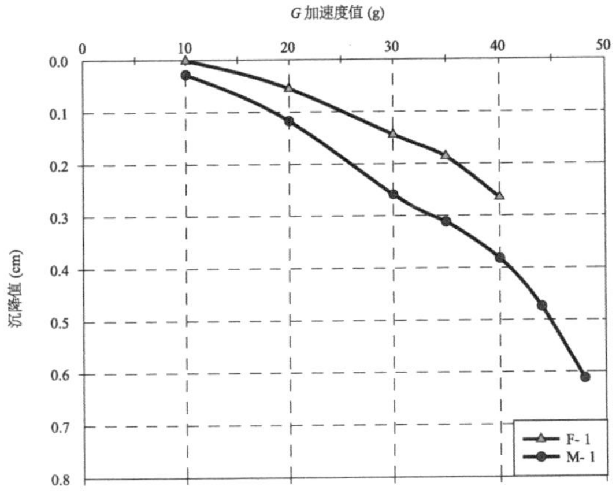

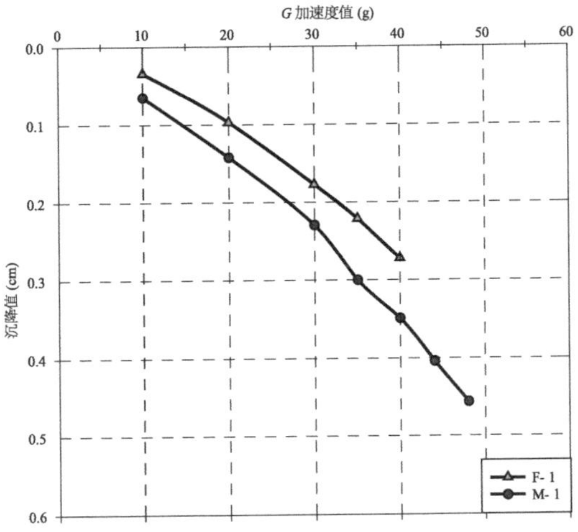

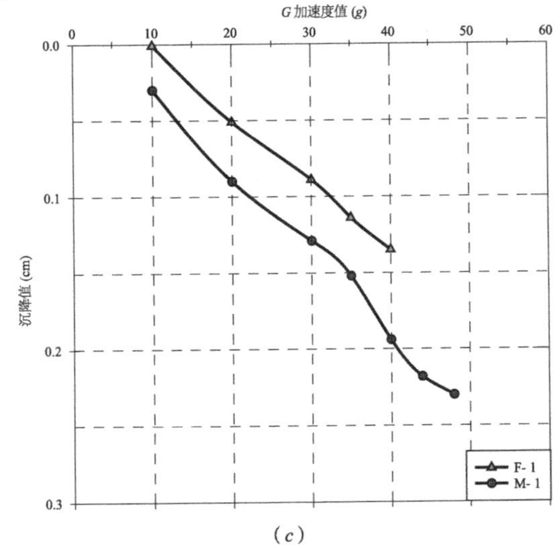

图 4-13 移动型连接与固定型连接沉降差（F-1 与 M-1）

（a）4 号位移计（0.1H）；（b）5 号位移计（0.44H）；（c）6 号位移计（0.90H）

从具体数据上看，加速度值 10g～40g 范围内，竖向位移随着加速度的逐渐增加而增大，整体来说，M-1 沉降曲线的相应数值大于 F-1。当加速度值为 40g 时，在曲线 M-1 上由 4 号、5 号、6 号位移计测得的沉降值分别比 F-1 上的沉降值大 44.2%、28.3%、43.7%（表 4-9）。也就是说，由于加筋连接类型由固定型转变为移动型，在相同加速度值下，填料表面沉降量增加。

图 4-14 为 F-2 和 M-2 两种情况下，随着加速度的连续增加，加筋土沉降量的变化曲线。由图可知加筋土表面的竖向沉降—加速度曲线的变化趋势与图 4-13 基本一致，但各数据点的数值有显著区别，具体如 4.2 节所述。

由图 4-14 所示的曲线可知，加速度值在 10g～40g 范围内，随着加速度值的逐步增加，M-2 曲线上由 4 号、5 号和 6 号位移计测得的所有点的数值都大于 F-2 曲线上对应点的值。当加速度值为 40g 时，M-2 点上的数值比 F-2 上的对应点大 28.0%、20.0%、26.0%；当加速度值为 48g 时，相应数值大 34.9%、19.9%、23.9%（见表 4-9）。由此可见，在相同的加速度水平下，加筋土沉降量的增加是由连接类型由固定型转变为移动型引起的。

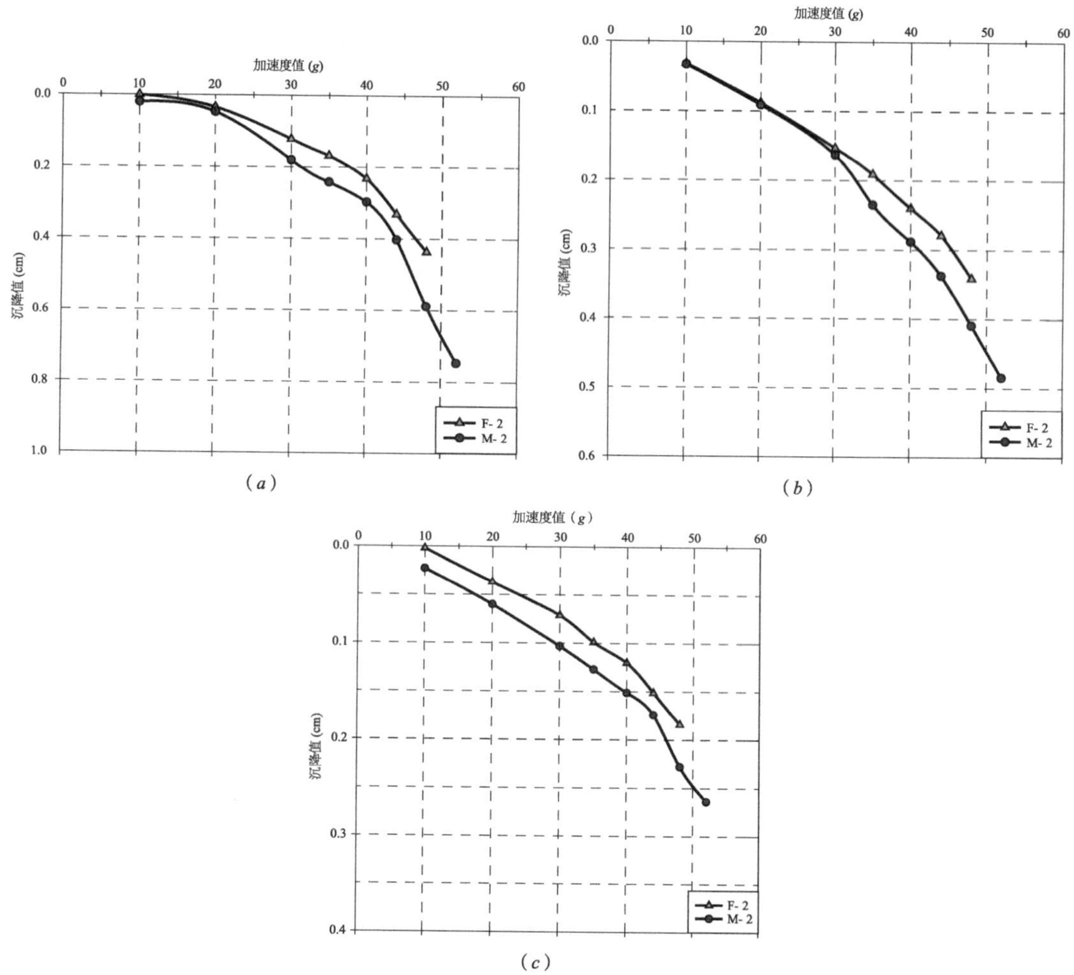

图 4-14 移动型连接与固定型连接沉降差（F-2 与 M-2）

（a）4 号位移计（0.1H）；（b）5 号位移计（0.44H）；（c）6 号位移计（0.90H）

图 4-15 表示 F-3 和 M-3 两种模型，在加速度连续增加时，加筋土体表面沉降与加速度变化关系曲线。其变化趋势与图 4-13 和图 4-14 所示基本一致，但对应点数值有较大差异，详细讨论见 4.2 节。

由图 4-15 所示的曲线可知，加速度值 20g ~ 54g 范围内，随着加速度值的逐步增加，M-3 曲线上由 4 号、5 号和 6 号位移计测得的所有点的数值都大于 F-3 曲线上对应点的值。当加速度值为 40g 时，M-2 点上的数值比 F-2 上的对应点大 26.8%、15.1%、25.0%；当加速度值为 48g 时，相应数值分别大 36.9%、36.9%、27.2%（见表 4-9）。即在相同的加速度水平下，连接类型的变化会引起加筋土表面沉降量的增加。

通过以上分析，我们发现在任何情况下，连接方式由固定型改变为移动型，对加筋土顶面竖向位移的影响都较为显著。究其原因，在移动型连接模型中，由于 U 形卡和加筋之间三

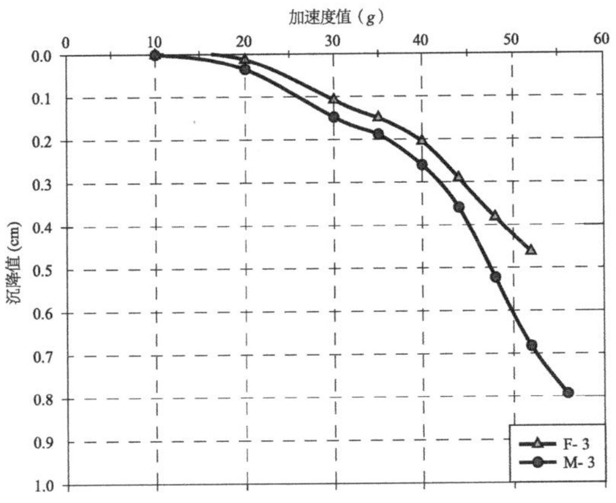

（a）

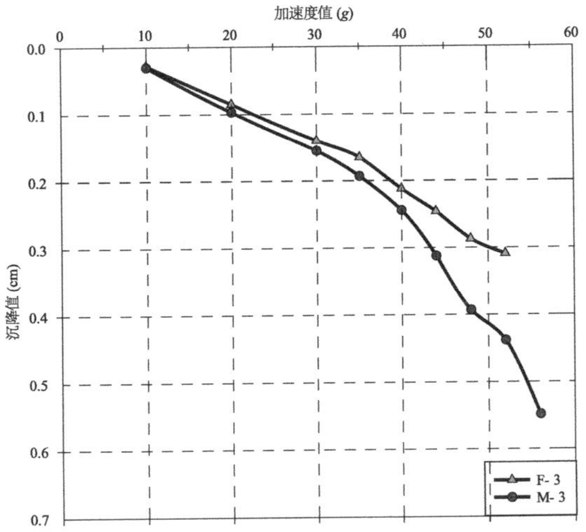

（b）

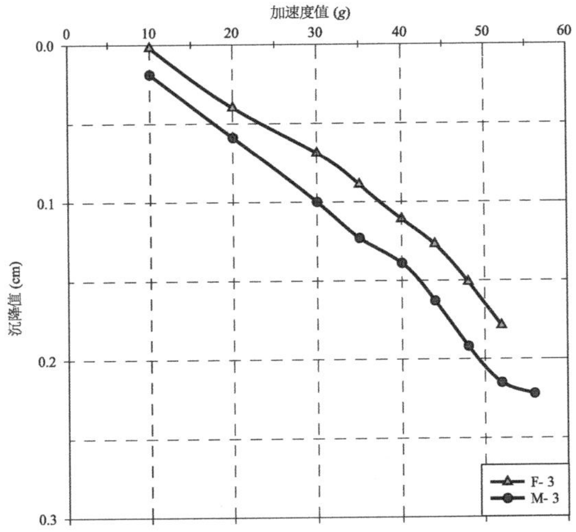

（c）

图 4-15　移动型连接与固定型连接沉降比较（F-3 与 M-3）

（a）4 号位移计（0.1H）；（b）5 号位移计（0.44H）；（c）6 号位移计（0.90H）

角形"卡箍"的存在，使得加筋端部可以随着回填体的沉降而竖向移动，致使加筋变相"伸长"，从而土体自重引起的侧向荷载无法及时通过加筋传递到挡土面板上，也使得面板的侧向位移增大；再者，面板附近的加筋土未受到面板的竖向支撑作用。而对于固定型连接模型，连接U形卡固定在面板上，即在填料沉降时，加筋端部不能随着土体向下垂直移动，因此将土体自重引起的侧向荷载直接通过加筋传递到面板上，并且面板附近的加筋土存在面板提供的向上的竖向分力。因此，由于三角形"卡箍"的垂直向下运动，不存在面板给加筋提供的竖直向上的支撑力，致使模型各层所受的垂直荷载较大，故在相同的加速度值下，移动型模型的沉降量大于固定型模型沉降量。即，与固定型连接方式相比，在加筋土挡墙中采用移动连接方式可引起较大的表面沉降。在工程实践中这种现象是不希望出现的。

沉降比（改变加筋连接类型） 表4-9

加速度值	沉降比（%）	4号位移计	5号位移计	6号位移计
40g	R_{MF11}（%）	+44.2	+28.3	+43.7
	R_{MF22}（%）	+28.0	+20.0	+25.8
	R_{MF33}（%）	+26.8	+15.1	+25.2
48g	R_{MF22}（%）	+34.9	+19.9	+23.9
	R_{MF33}（%）	+36.9	+36.9	+27.2

注：$R_{MFij} = \dfrac{S_{M-i} - S_{F-j}}{S_{F-j}} \times 100\%$，$i$=1，2，3；$j$=1，2，3。"+"表示增加，"−"表示减少。

4.2.2 对面板侧向位移的影响

图4-16为不同加筋连接方式的加筋土挡墙在加速度持续增加过程中挡土板的侧向位移—加速度关系曲线。

通过对图4-16的观察，可以看到固定型连接模型和移动型连接模型之间面板侧向位移差

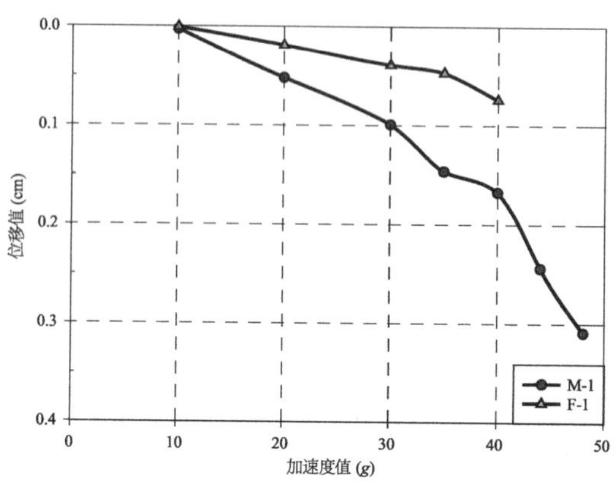

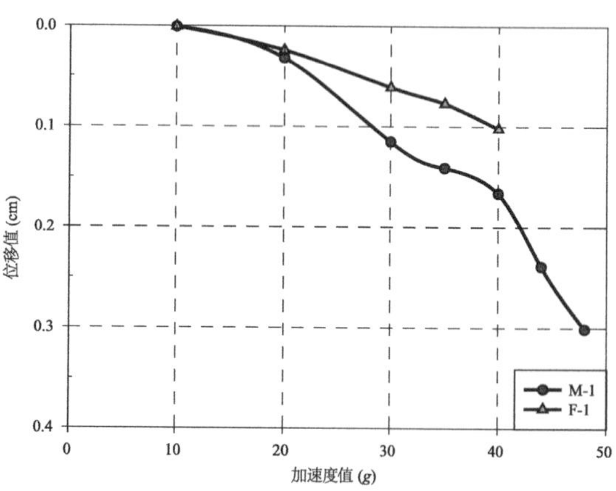

图4-16 移动型连接与固定型连接侧向移位移比较（F-1与M-1）（一）

（a）3号位移计（0.97H）；（b）2号位移计（0.49H）

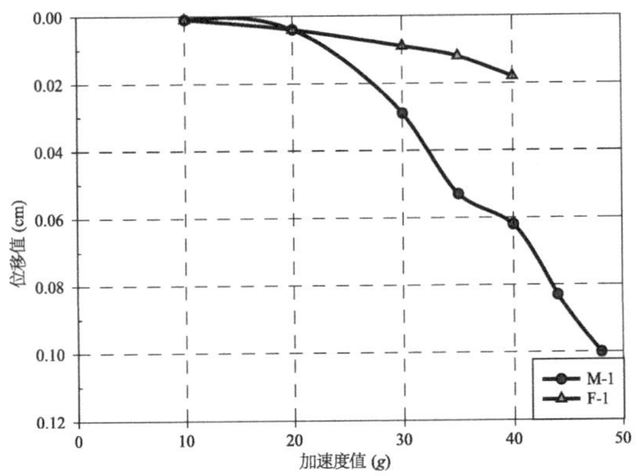

图 4-16　移动型连接与固定型连接侧向移位移比较（F-1 与 M-1）（二）

（c）1 号位移计（0.1H）

异，并可以探究连接类型对墙体侧向位移特性的影响。图 4-16（a）和（b）中，加速度值小于 40g 时，变形曲线表现为非线性行为；在加速度值为 40g 时，移动型连接模型曲线上存在"拐点"，超过该点后，曲线变得略陡，直至模型发生破坏；另一方面，在图 4-16（c）中加速度值在 10g～20g 范围内，两条曲线几乎相同，当加速度值大于 20g 直到发生破坏，二者相应数值有明显的差异。

当加速度值为 40g 时，M-1 上由 3 号、2 号、1 号位移计测得的位移值分别比 F-1 大 125.7%、62.7%、244.4%（表 4-10）。即在相同的加速度数值下，两种模型面板侧向位移的增加是由连接类型的变化引起的。

图 4-17 为模型 F-2 和 M-2 在预定位置测得的面板侧向位移—加速度关系曲线。通过变形曲线可以清楚地观察到固定型连接和移动型连接面板的侧向位移差异，自试验开始直到模型发生破坏，曲线都表现为非线性变形行为。由此可以看到加筋的连接方式的改变对面板侧向

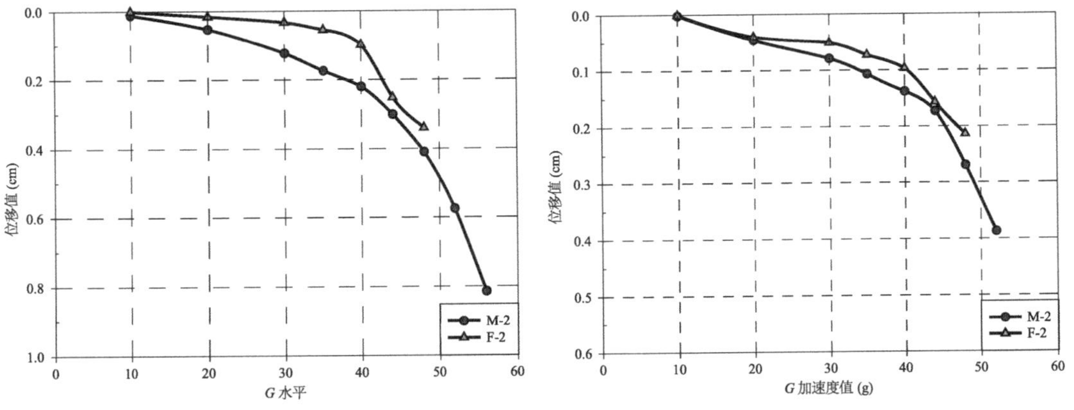

图 4-17　移动型连接与固定型连接侧向移位移比较（F-2 与 M-2）（一）

（a）3 号位移计（0.97H）；（b）2 号位移计（0.49H）

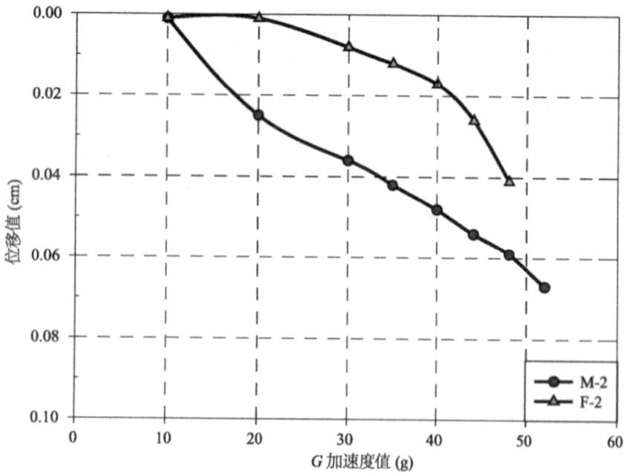

图4-17 移动型连接与固定型连接侧向移位移比较（F-2与M-2）（二）

（c）1号位移计（0.1H）

位移行为的影响。

从具体数据上看，曲线 M-2 上由 3 号、2 号、1 号位移计测得的侧向位移值当加速度值为 40g 时，分别比曲线 F-2 上的数值大 112.1%、42.3%、182.4%，当加速度值为 48g 时分别比 F-2 上的数值大 44.1%、26.7%、43.9%（见表 4-10）。由此可以看到连接类型的变化引起的面板侧向位移的增加。

图 4-18 为模型 F-3 和 M-3 在预定位置测得的面板侧向位移—加速度关系曲线。这些曲线显示了与图 4-17 相似的特征。

从数据上看，与模型 F-3 相比，M-3 曲线上由 3 号、2 号、1 号位移计测得的侧向位移值，当加速度值为 40g 时分别大 47.6%、40.0%、131.2%，当加速度值为 48g 时分别大 3.2%、5.74%、67.7%，如表 4-10 所示。即在相同的加速度条件下，移动型连接的面板侧向位移大于固定型连接的对应数值。

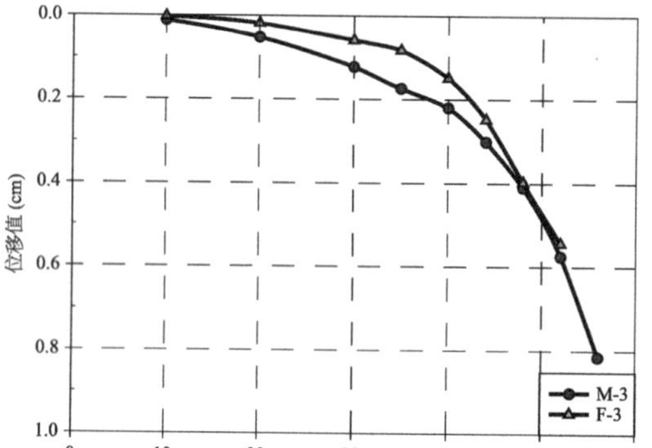

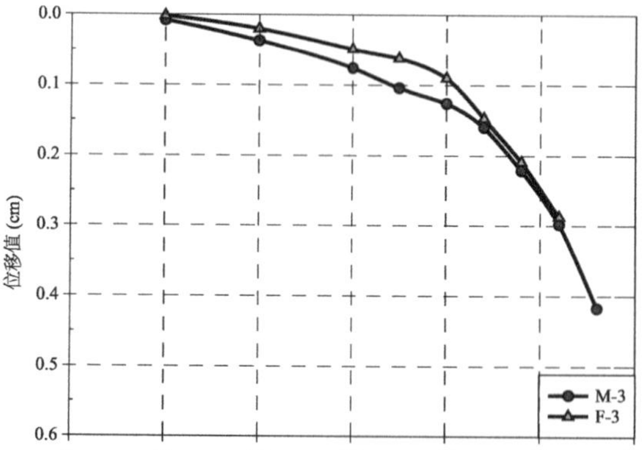

图4-18 移动型连接与固定型连接侧向移位移比较（F-3与M-3）（一）

（a）3号位移计（0.97H）；（b）2号位移计（0.49H）

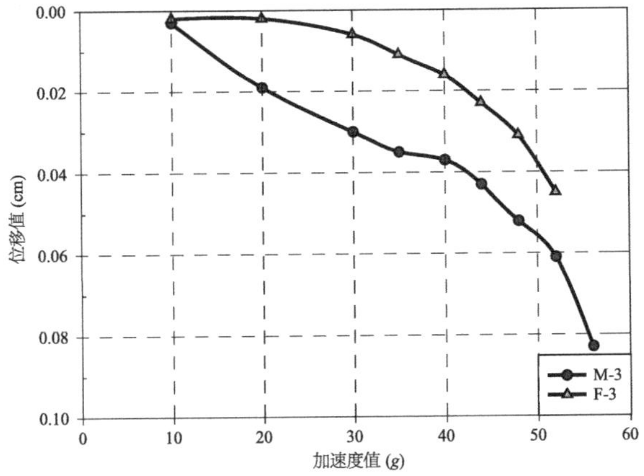

图 4-18　移动型连接与固定型连接侧向移位移比较（F-3 与 M-3）（二）

（c）1 号位移计（0.1H）

基于以上分析，可以知道：由于连接类型改变的影响，移动型连接模型沿挡土面板全高范围内的侧向位移数值大于固定型连接模型面板相应位置的位移；加筋连接方式的不同，也导致模型土体内不同的垂直压力和挡土面板侧向压力，使得移动型模型的破坏加速度大于固定型。试验结果和观察结果预示着，加筋和面板之间的连接类型影响加筋土挡墙系统的侧向位移和破坏加速度，换句话说，在其他条件不变的情况下，将加筋的连接类型由固定型改变为移动型，系统的侧向位移会稍有增加，但可以提高挡土墙的抗破坏能力。

侧向位移比   表 4-10

加速度值	侧向位移比（%）	1 号位移计（0.1H）	2 号位移计（0.49H）	3 号位移计（0.97H）
40g	R_{MF11}（%）	+244.4	+62.7	+125.7
	R_{MF22}（%）	+182.4	+42.3	+112.1
	R_{MF33}（%）	+131.2	+40.0	+47.6
48g	R_{MF22}（%）	+43.9	+25.7	+44.1
	R_{MF33}（%）	+67.7	+5.74	+3.2

注：$R_{MFij} = \dfrac{L_{M-i} - L_{F-j}}{L_{F-j}} \times 100\%$，$i = 1$，2，3；$j = 1$，2，3。"+"表示增加，"−"表示减少。

4.3　变形分布

4.3.1　加筋土表面

图 4-19 ～ 图 4-21 为加筋土体表面（分别采用 2、4、6mm 厚面板）随加速度增加的沉降形态。离心模型试验结果表明，由于土体自重压密引起的竖向位移，随着加速度的逐渐增大而增加，整个加筋土表面垂直向下沉降为凹形，直至模型发生破坏。

根据试验结果可以确定，在同一加速度情况下，对于两类加筋连接类型，三个测试点的最大沉降点发生在安装于最靠近基础中心的 5 号位移计（0.44H）附近；当加速度值达到 35g 时，中心点的最大沉降致使地基表面垂直向下弯曲，形成"凹"状（见图 4-19）。加速度值大于 35g 时，两种情况下，4 号位移计处的沉降增量大于 5 号位移计处沉降增量，即此时最大沉降量发生在 0.10H 处。这可能是由于模型破坏发生前，墙体的侧向位移较大，导致墙体附近的竖向位移间接增大。

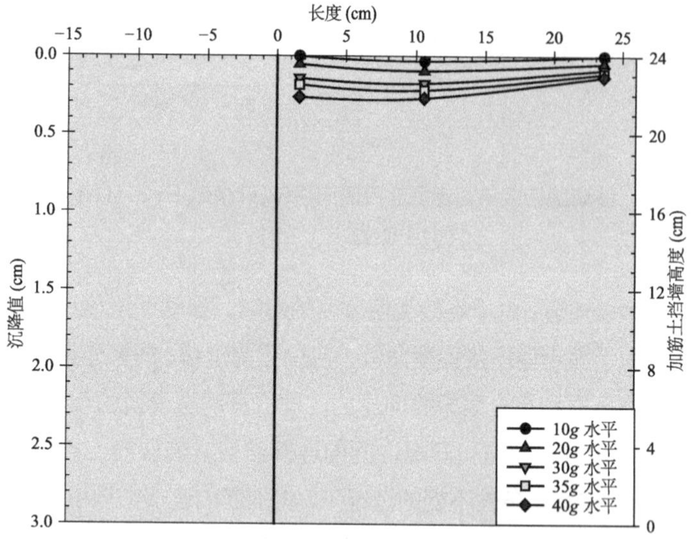

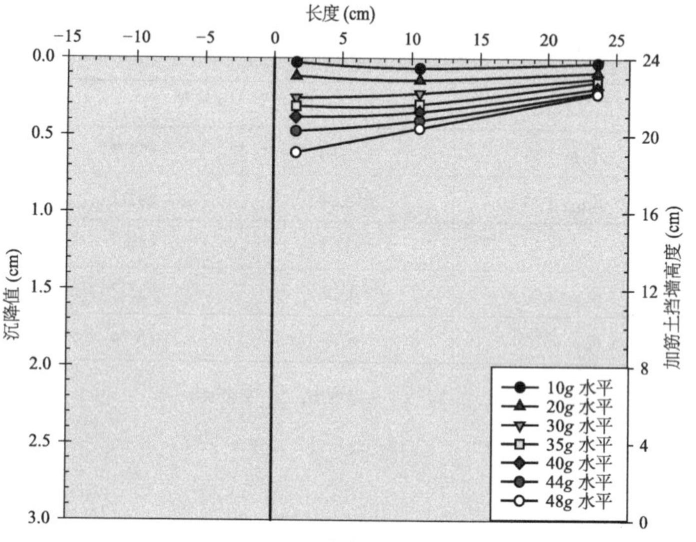

图 4-19　不同加速度值下，加筋土顶面沉降分布（板厚 2mm）

（a）F-1；（b）M-1

从试验结果还可以看出，当加速度值大于 35g 到破坏发生，离挡土面板越远，加筋土地基表面的沉降量越小。

图 4-20 (*a*)、图 4-20 (*b*) 为 F-2 和 M-2 两种情况下,加筋土体表面随加速度增加的沉降形态。由图 4-20 可以看到,对于 F-2,当加速度在 $10g \sim 40g$ 范围内时,对于 M-2,加速度在 $10g \sim 20g$ 范围内时,最大沉降发生在 5 号位移计安装的 $0.44H$ 位置,使加筋土表面在该点向下弯曲,形成"凹"形。随着加速度值的增加,当模型 M-2 和 F-2 的加速度值分别超过 $20g$ 和 $40g$ 直到模型发生破坏,其表面 4 号位移计 $0.10H$ 处的垂直位移增量大于 5 号位移计处的垂直位移增量,即加筋土最大沉降发生在 $0.10H$ 处。这可能是由于破坏发生前,墙体的侧向位移较大,导致墙体附近的垂直位移间接增大。

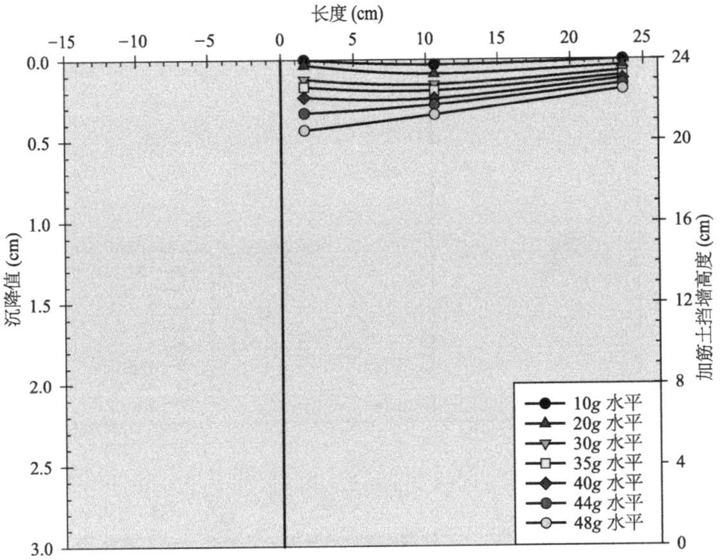

(*a*)

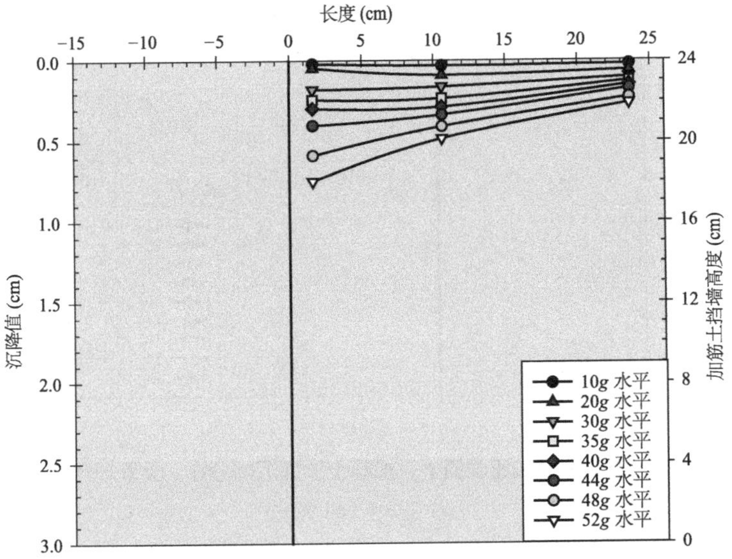

(*b*)

图 4-20　不同加速度值下,加筋土顶面沉降分布(板厚 4mm)

(*a*) F-2;(*b*) M-2

从试验结果还可以看出，当加速度值对于 F-2 大于 40g、M-2 大于 20g 直到破坏发生，加筋土表面距离挡土面板越远的位置，加筋土地基表面的沉降量越小。

图 4.21（a）、图 4-21（b）为 F-3 和 M-3 两种情况下，加筋土体表面随加速度增加而形成的沉降形态。和图 4-19、图 4-20 相比，除了破坏加速度值和最大沉降位置由 0.44H 变为 0.10H 所对应的加速度值不同外，其他几乎一致。

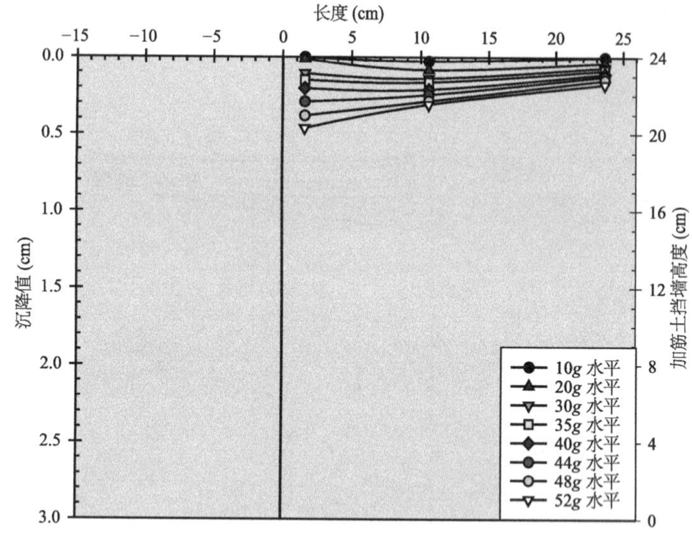

(a)

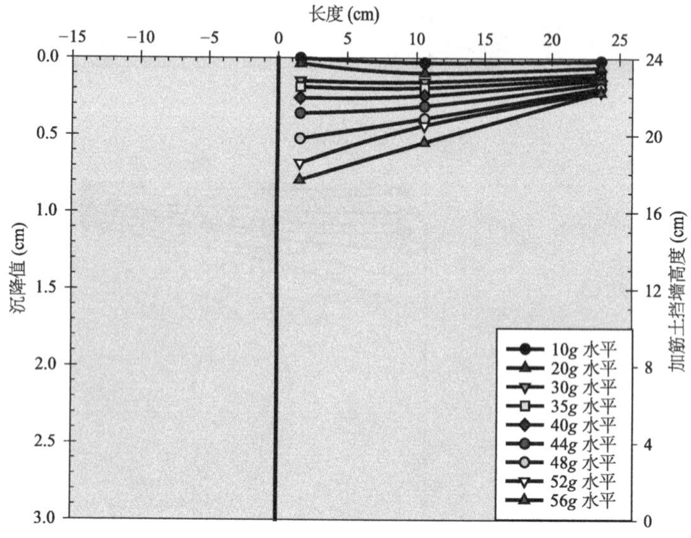

(b)

图 4-21 不同加速度值下，加筋土顶面沉降分布（板厚 6mm）
(a) F-3；(b) M-3

通过以上分析可以得到不同面板厚度、不同连接方式对带状加筋复合地基在自重作用下变形形式的影响。试验结果表明，在加速度值较低时，最大沉降量发生在加筋土表面中部，使得整个加筋土表面形成"凹"形；当加速度超过一定值直至模型破坏发生，由于模型侧向位移较大，加筋土表面最大沉降发生在挡土面板附近；在任何加速度水平下，加筋土表面的最小沉降都发生在离面板较远的区域。

如 4.1、4.2 节所讨论的，改变连接方式或面板厚度对加筋地基沉降量、模型破坏加速度值以及最大沉降位置由 0.44H 变为 0.10H 的特定加速度值的影响较大，但本研究未观察到上述因素的改变对加筋土表面沉降形式的影响。

4.3.2 加筋土挡墙面板

图 4-22 ~ 图 4-24 为，安装于 0.10H、0.44H 和 0.97H 位置（对应 1 号、2 号、3 号位移计，H 为加筋土挡墙系统高度）的位移计测得的不同加速度值的面板侧向位移分布形态。

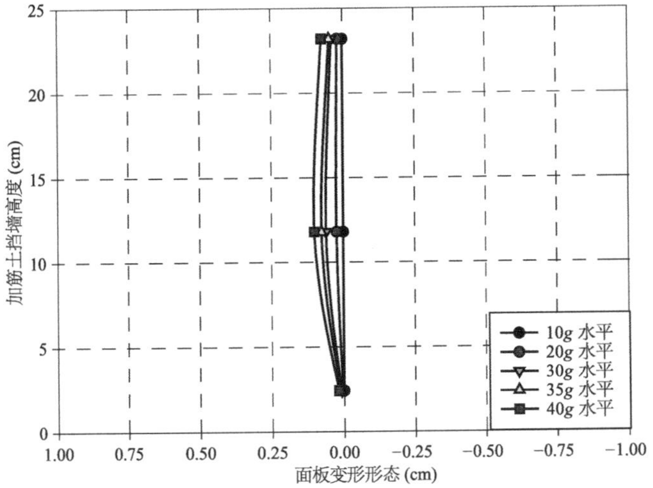

（a）

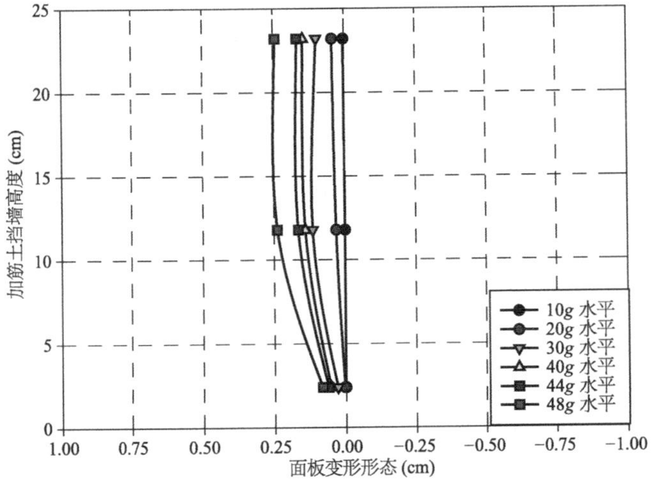

（b）

图 4-22 不同加速度值下，面板侧向位移分布（板厚 2mm）

（a）F-1；（b）M-1

需要注意的是，面板的最大侧向位移的位置随着模型面板抗弯刚度的不同在高度
0.30H ~ 1.0H 之间变化，这与 Matsuo 等（1998）的观察结果一致，他们发现分离式刚性
块式面板加筋土挡墙和整体式刚性面板加筋土挡墙的最大位移分别发生在 0.30H ~ 0.5H 和
1.0H 处。

图 4-22（a）为模型 F-1 在不同加速度水平下的侧向位移。由图 4-22（a）可以看到，F-1
的最大侧向位移发生在面板高度的 1/2 附近，致使面板向外弯曲、呈"凸"字形状。这是由于
固定型连接的三种模型中，F-1 挡土面板厚度最薄、抗弯刚度最小，相对来讲填料侧压力引起
的弯曲位移最大。试验结果表明，当模型挡土面板抗弯刚度较小时，其侧向位移特性与分离
式刚性块式面板加筋土挡墙类似。

对于模型 M-1，观测到的面板的累积侧向位移在 0.49H ~ 1.0H 的范围内最大。在高度 0.49H
处，每条曲线上在 0.49H 处都有"拐点"，如图 4-22（b）所示；在面板 0.49H ~ 1.0H 范围内，
每条曲线几乎都平行于其原来的位置，直到模型发生破坏，导致挡土面板向外弯曲，在"拐点"
的上下，面板几乎保持为直线，使面板变形为折线形。这是由于与移动型连接的其他情况相比，
模型 M-1 的挡土面板抗弯刚度最小。试验结果表明，在 0.97H 处，由于侧向土压力和连接方
式的不同，如 4.2 节所讨论的 M-1 的侧向位移比 F-1 更大。

试验结束后，对模型进行了仔细的分层拆解挖掘，以研究加筋的破坏形态。挖掘过程中，
没有观察到加筋自土体内的拔出破坏。在工程现场条件下，加筋的拔出破坏是不期望看到的。
现场使用的填料往往是黏性土，存在一定的黏聚力和较大的摩擦角，会阻止拔出破坏的出现，
在正常设计条件下，一般不会出现这种破坏。

对于模型 F-2，在加速度值 10g ~ 40g，面板高度 0.49H ~ 1.0H 范围内，累积侧向位移最大，
并且每条曲线的 0.49H 处都有"拐点"，当加速度值不大于 40g 时，在面板高度 0.49H ~ 1.0H
范围内，每条曲线几乎都平行与垂线，直到模型发生破坏，导致面板向外弯曲，形成梯形；在
加速度值分别为 44g、48g、52g 时，虽然每条曲线在 0.49H 处也有"拐点"，但最大累积侧向
位移值出现在挡土面板顶部，如图 4-23（a）所示。这可能是由于挡土面板刚度的增大，在相
同水平土压力情况下，相对于 F-1 挡土面板的弯曲变形减少。

对于模型 M-2 在加速度值 10g ~ 40g 范围内，与图 4-22（b）相似，面板的最大累积侧向
位移在 0.49H 处；当加速度值大于 40g 后，侧向位移最大值在墙的顶部，且整个面板保持直线，
如图 4-23（b）所示。这可能是由于较大的抗弯刚度增量，在与 F-2 相同的水平土压力作用下，
钢板的弯曲变形减少，并受到所使用连接类型改变的影响，详细讨论见 4.2 节。

对于 F-3、M-3 两种情况，在加速度值从 10g 直到模型破坏的范围内，最大累积侧向位移
发生在墙顶附近（图 4-24）。随着加速度值的逐渐增大，侧向位移也随之增大，但在 0.49H 处
没有发现"拐点"，面板一直保持直线。这可能是由于 F-3 和 M-3 两种模型面板的抗弯刚度相
对于其他模型最大，由填料水平土压力引起的面板的弯曲变形最小，从而保持了面板的直线
形式。

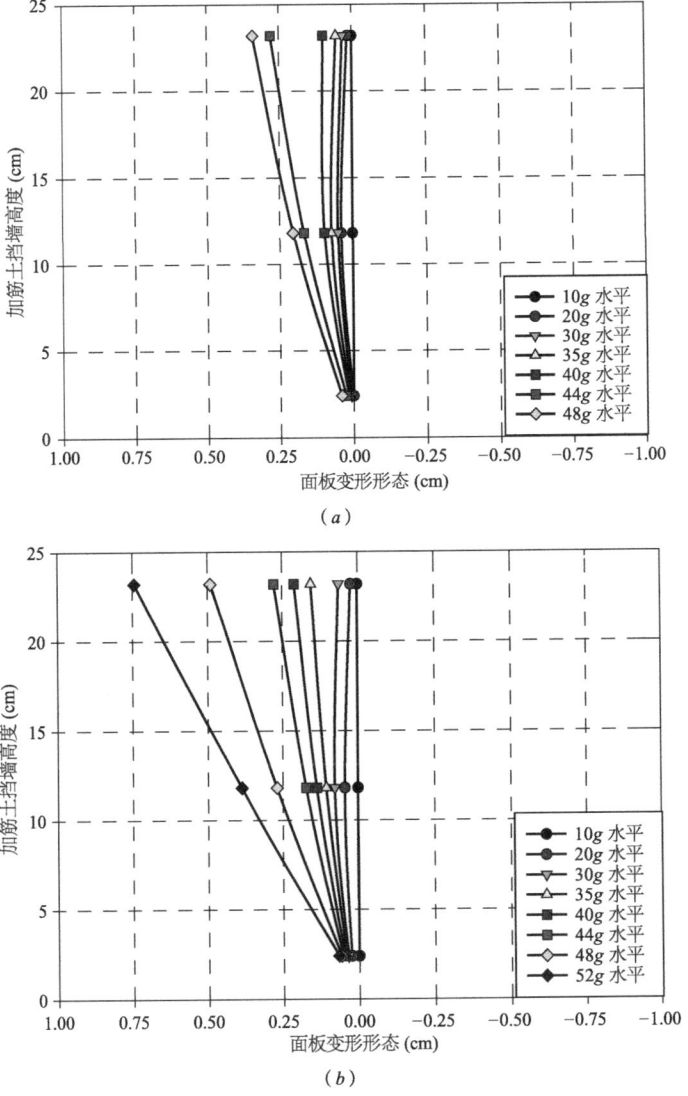

图 4-23 不同加速度值下，面板侧向位移分布（板厚 4mm）

（a）F-2；（b）M-2

由以上试验结果可以得到：在加筋长度为 $0.75H$ 情况下，对所有以压实度为 80% 的填料分层压实建造的加筋土挡墙模型，面板抗弯刚度对挡土墙面板侧向位移形式的影响。按照原设计，模型承受静荷载时，所有加筋土挡墙的安全系数为 1.5，每个模型配置了 5 层加筋铝箔，垂直间距为 40mm。工况 3（F-3，M-3）的面板厚度分别为工况 2（F-2，M-2）、工况 1（F-1，M-1）的 1.5、3.0 倍。对于设计为相同安全系数、相同加筋层数和相同填土条件的试验模型，通过增加面板的厚度（抗弯刚度），面板的侧向位移值显著下降（如 4.2 节中所讨论），并且面板的变形由刚度较小时的面板本身弯曲 + 沿其底端的旋转，最后转变为面板刚度较大时，面板保持本身不变形，只有沿其底端的旋转变形（如图 4-22 ～ 图 4-24 所示）。

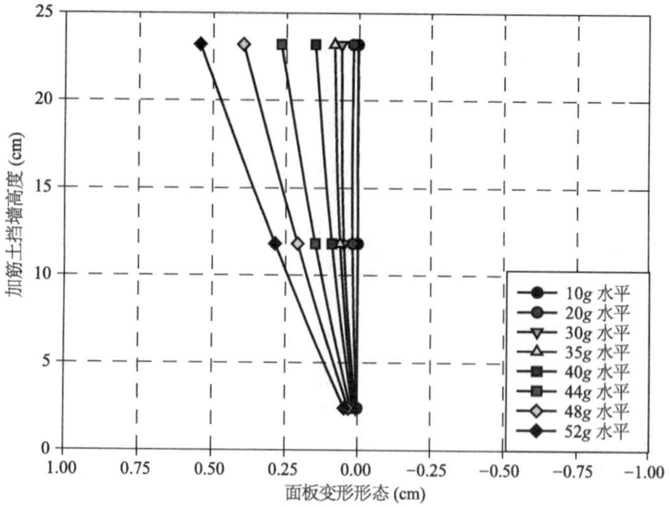

（a）

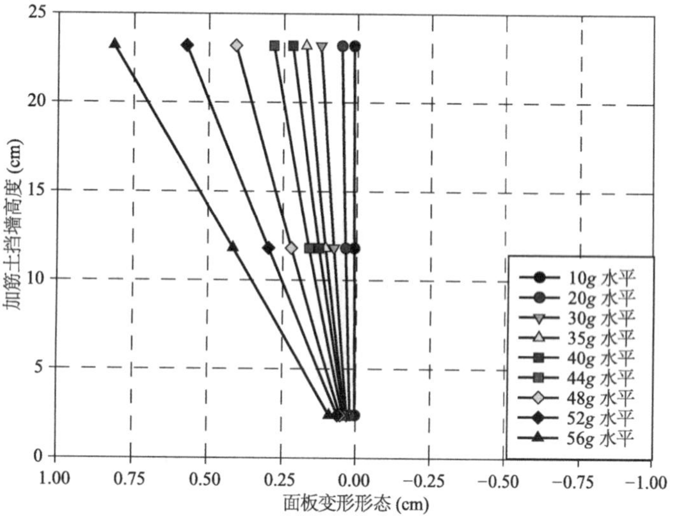

（b）

图 4-24　不同加速度值下，面板侧向位移分布（板厚 6mm）

（a）F-3；（b）M-3

4.4　破坏面位置及形态

图 4-25 和图 4-26 为试验完成时，通过透明玻璃钢板测定出的各个模型的破坏面位置。图示数据是根据模拟相似规则，将实测模型尺寸数据转换为相应的原型尺寸大小。

离心模型试验破坏面尺寸数据的转换结果如图 4-25 所示。离心模型试验机将模型加载至破坏状态时，加筋挡墙结构实际破坏面位置与由测试得到的加筋中的最大拉应力位置所确定的破坏面位置相吻合（将在第 4.5 节中讨论）（表 4-11）。

根据以上图形和数据，我们发现随着面板厚度按 2、4、6mm 的顺序增加，对于固定型连接模型，在破坏加速度值 44g、52g、54g 所对应的破坏面（图 4-25a），对于移动型连接模型，

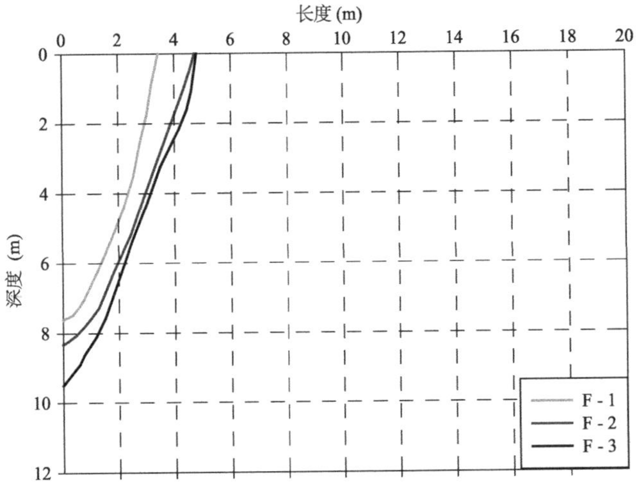

（a）

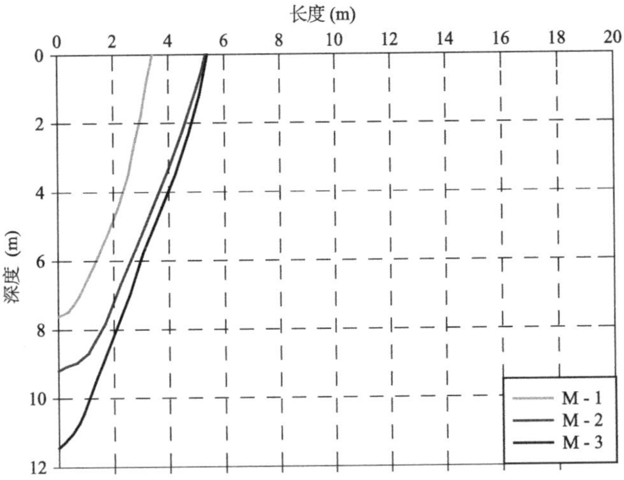

（b）

图 4-25　不同面板厚度对应的破坏面

（a）固定型连接；（b）移动型连接

破坏面位置（固定型连接，换算为原型）　　　　表 4-11

F-1		F-2		F-3	
长度（m）	深度（m）	长度（m）	深度（m）	长度（m）	深度（m）
3.44	0.00	4.71	0.00	4.78	0.00
3.21	0.88	4.52	0.52	4.59	1.08
3.04	1.76	4.32	1.04	4.43	1.62
2.77	2.64	3.85	2.08	4.16	2.16
2.55	3.52	3.38	3.12	3.51	3.24
2.20	4.40	2.91	4.16	3.02	4.32
1.76	5.28	2.44	5.20	2.48	5.40
1.28	6.16	1.82	6.24	2.00	6.48

F-1		F-2		F-3	
长度（m）	深度（m）	长度（m）	深度（m）	长度（m）	深度（m）
1.01	6.60	1.28	7.28	1.51	7.56
0.75	7.04	1.04	7.54	1.19	8.10
0.57	7.26	0.78	7.80	0.76	8.64
0.35	7.48	0.47	8.06	0.59	8.91
0.00	7.61	0.21	8.22	0.32	9.18
—	—	0.00	8.32	0.00	9.50

在破坏加速度值 52g、56g、58g 所对应的破坏面（图4-25b），其最上端向右移动、最下端向下移动。换句话说，模型破坏时，其破坏加速度值和楔形滑移土体的体积随着挡土面板抗弯刚度的增大而升高或增大。

为了研究连接方式对破坏面的影响，采用相同回填材料和不同连接方式（分别为固定型连接和移动型连接），分两组进行了系列试验。

图4-26（a）、（b）、（c）分别为不同加筋连接方式下，各个模型的破坏面变化情况。可以看出，随着连接方式由固定型改变为移动型，自挡土面板表面到破坏面与基础表面的交线的距离向右扩展，自加筋土表面到破坏面与加筋土竖向表面的交线的距离向下扩展。图示中的所有破坏面的形式几乎都呈现出相同的趋势：移动型连接破坏面位于固定型连接破坏面的右侧，观察还发现几乎所有的破坏面都符合对数螺线形式。因此，当连接方式由固定向移动转变时，移动型连接模型的楔块变大，破坏加速度值也相应增大；在所有的试验条件下，破坏面的形状也基本一致。

试验结束后，对模型进行分层拆解，发现加筋都发生断裂破坏，断裂位置与破坏面位置相对应，未发现拔出破坏（表4-12）。

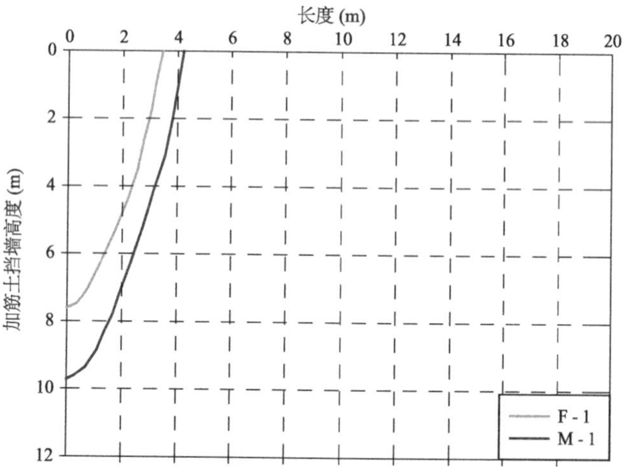

图4-26 不同连接形式对应的破坏面（一）

（a）2mm 面板

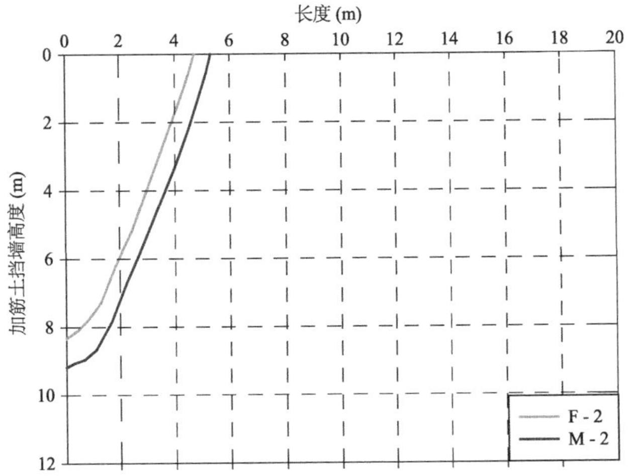

长度 (m)

加筋土挡墙高度 (m)

F - 2
M - 2

（b）

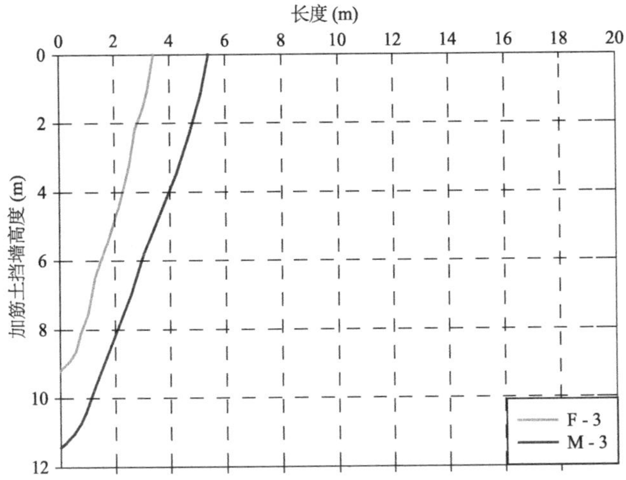

长度 (m)

加筋土挡墙高度 (m)

F - 3
M - 3

（c）

图 4-26　不同连接形式对应的破坏面（二）

（b）4mm 面板；（c）6mm 面板

破坏面位置（固定型连接模型，换算为原型）　　　　　　　　表 4-12

M-1		M-2		M-3	
长度（m）	深度（m）	长度（m）	深度（m）	长度（m）	深度（m）
4.21	0.00	5.32	0.00	5.39	0.00
4.11	0.52	5.15	0.56	5.10	1.16
4.00	1.04	4.93	1.12	4.70	2.32
3.80	2.08	4.48	2.24	4.23	3.48
3.54	3.12	3.98	3.36	3.65	4.64
3.12	4.16	3.42	4.48	3.07	5.80
2.76	5.20	2.86	5.60	2.61	6.96
2.34	6.24	2.24	6.72	2.03	8.12

M-1		M-2		M-3	
长度（m）	深度（m）	长度（m）	深度（m）	长度（m）	深度（m）
1.87	7.28	1.68	7.84	1.45	9.28
1.66	7.80	1.28	8.40	0.91	10.44
1.35	8.32	1.09	8.68	0.74	10.73
1.09	8.84	0.66	8.96	0.51	11.02
0.68	9.36	0.27	9.07	0.17	11.31
0.26	9.62	0.00	9.18	0.00	11.43
0.00	9.72	—	—	—	—

由图 4-25 和图 4-26 还可以观察到，土体破坏面与水平方向的夹角的实测值为 63.4°、66.5°，比理论计算值 59.2° 大 4.2°、7.3°，说明连接方式和面板抗弯刚度的改变对加筋土破坏面倾角大小的影响不太明显。

通过以上分析，我们可以清楚地看到面板厚度（抗弯刚度）和加筋连接类型的改变对破坏面位置的影响。当面板刚度增加时，破坏面位置向右、向下移动；当连接形式由固定型改变为移动型时，破坏面位置也呈现出向右、向下移动的趋势。在所有的试验中，没有观察到上述改变对破坏面倾角及其形状明显影响的现象。

4.5 加筋所受的拉力

4.5.1 加筋内的拉力分布

在模型制备过程中，按照设计的水平间距设置了加筋，并在不同加筋层上的预定加筋铝箔上的相应位置粘贴了应变片，以便在试验过程中测定加筋的应变，进而得到并记录拉伸力，并根据加速度值的大小，将其转换为对应于 2mm 挡土面板的原型值，如图 4-27 和图 4-28 所示。

图 4-27 和表 4-13 分别表示了加速度值为 30g 时，各加筋层的拉力分布（相当于原型）。可以观察到：沿水平方向、每层加筋内固定型连接模型部分拉力值大于移动型连接的拉力值，特别是在临近面板 0.25H 范围内差值更大（第五层除外）；张力最大值 105.0kN 发生在第二层的固定型连接模型中，不同连接类型之间的最大拉伸差值在每层的连接区域内都存在。在 0.25H ~ 0.75H 范围内，除第四层外，加筋内不同连接类型之间的拉力差值由左至右逐渐变小（表 4-14）。

加筋层拉力分布（加速度 30g 时） 表 4-13

层数	位置	拉力分布（kN）				
		0.12H	0.25H	0.38H	0.50H	0.62H
—		固定型连接				
5		20.0	11.0	16.0	12.0	5.5

层数	位置	拉力分布（kN）				
		0.12H	0.25H	0.38H	0.50H	0.62H
4		20.0	12.5	27.0	16.0	10.5
2		105.0	60.0	50.0	17.0	19.0
1		47.0	20.0	17.0	20.0	16.0
—		移动型连接				
5		12.0	11.0	15.0	10.0	7.5
4		3.5	10.0	11.0	18.0	10.0
2		11.0	33.8	33.7	12.0	14.0
1		32.0	7.5	20.0	13.0	11.0

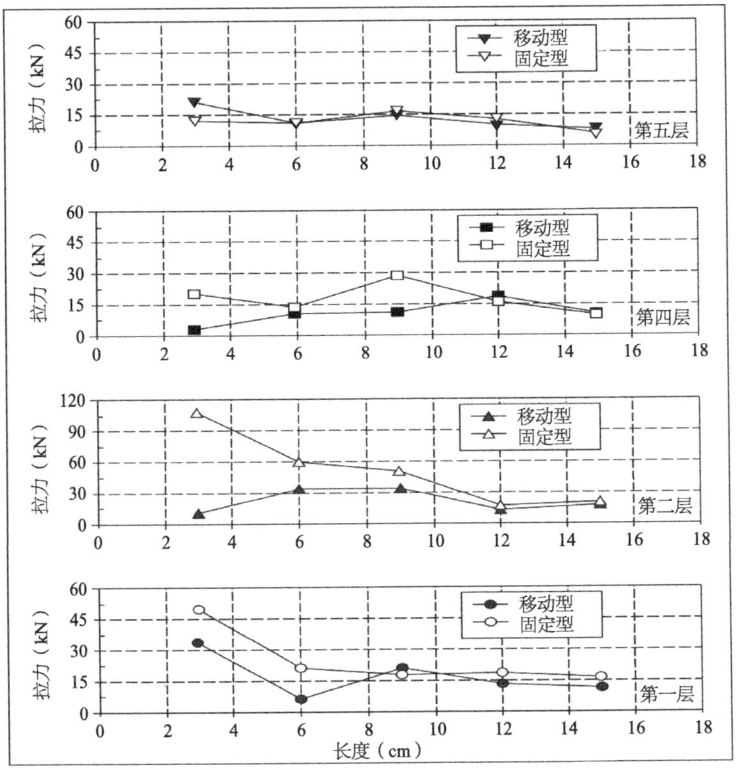

图4-27 加速度30g 时，不同加筋层拉力分布

（对应2mm面板）

加筋层拉力分布（加速度40g 时）　　　　　表4-14

加筋层	位置	拉力分布（kN）				
		0.12H	0.25H	0.38H	0.50H	0.62H
—		固定型连接				
5		34.2	25.6	37.5	21.0	13.1

位置 加筋层	拉力分布（kN）				
	0.12H	0.25H	0.38H	0.50H	0.62H
4	45.0	27.0	51.0	30.2	16.5
2	120.0	60.0	51.0	18.0	21.0
1	40.5	21.8	21.0	13.5	13.5
—	移动型连接				
5	29.3	24.8	33.0	18.3	15.0
4	6.5	22.5	33.1	27.0	16.3
2	19.0	34.5	34.5	13.5	18.0
1	31.5	6.9	18.0	11.2	8.4

图 4-28 所示为加速度值为 40g 时，各加筋层（相当于原型）的拉力分布情况。与图 4-27 相似。固定型连接模型内的加筋的所有水平方向拉力值都比移动型连接的拉力值大得多，特别是在与面板相邻的 0.25H 范围内。在所有加筋层的连接区域内，也存在不同连接类型之间的最大拉力值差值。各层中的最大拉力值出现在第二层连接处，大小为 120.0kN；在 0.25H ~ 0.75H 范围内，从左至右拉力差值越来越小。

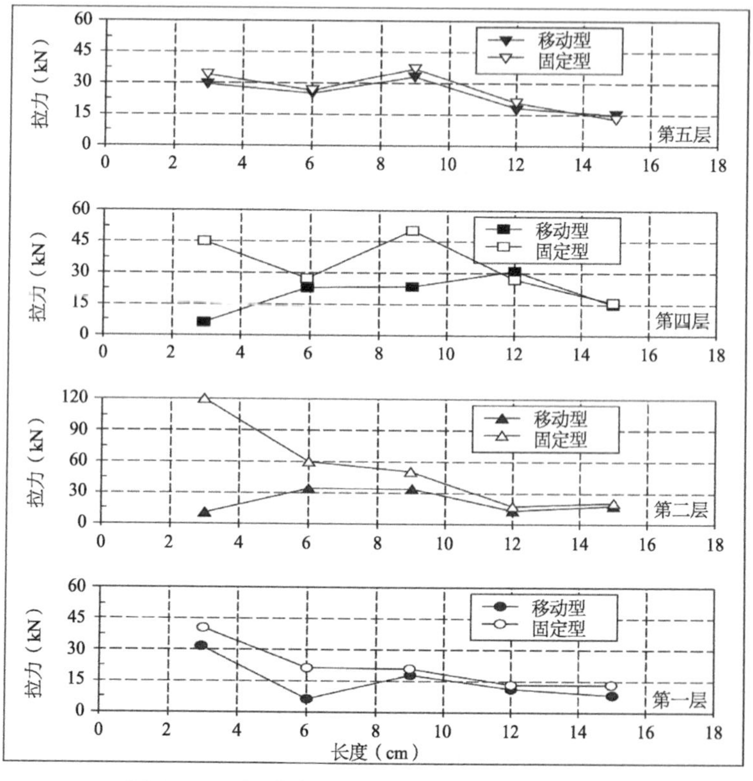

图 4-28　加速度 40g 时，不同加筋层拉力分布
（对应 2mm 面板）

通过以上一系列分析发现：加筋层内的拉力随着加速度值的增加而增加。本研究发现：除第一层加筋外，在模型的下半部分，各加筋层的拉力增长值如预期所料增长较大，并且各加筋内的拉力值峰值点，对于移动型连接模型均位于加筋土体内，而对于固定型连接模型，则发生在加筋与面板的连接处。究其原因，由于三角形卡的存在，允许面板附近的加筋随着填料的沉降而一起垂直向下运动，这样，减小了加筋的轴向应变，从而显著降低了加筋的轴向拉力。另一方面，对于固定型连接模型，如前所述，由于填料沉降位移较大，使得面板附近的加筋变形较大，从而导致该位置加筋的拉力最大。

不幸的是，由于理论及试验手段的限制，对于不同的加筋系统和结构类型，最大拉力的位置并不能可靠地确定。通过模型试验和现场试验，借助于试验分析和数值模型分析，找出了几种不同类型的加筋土结构的最大拉力点位置曲线。

关于整个模型上所有加筋层中的加筋所受的拉力峰值随高度的分布，通常假定该峰值在墙顶部为零、在墙底部最大，并且沿挡土墙高度方向呈线性分布。在 4.4 节所讨论的破坏面的位置基本和其他研究者的发现相符。因此，今后需要进行更多的现场试验和模型试验研究，以取得更多关于该分布的第一手数据。

4.5.2 加筋所受拉伸力比

为评价模型中的连接方式由固定型转变为移动型对加筋条上所受到的拉力的减少效果，引入"拉力比"这个参数，该参数的定义式如表 4-15 中所示，加速度值为 $30g$ 和 $40g$ 时所对应的计算值在表 4-15 中列出，并以图 4-29 表示。

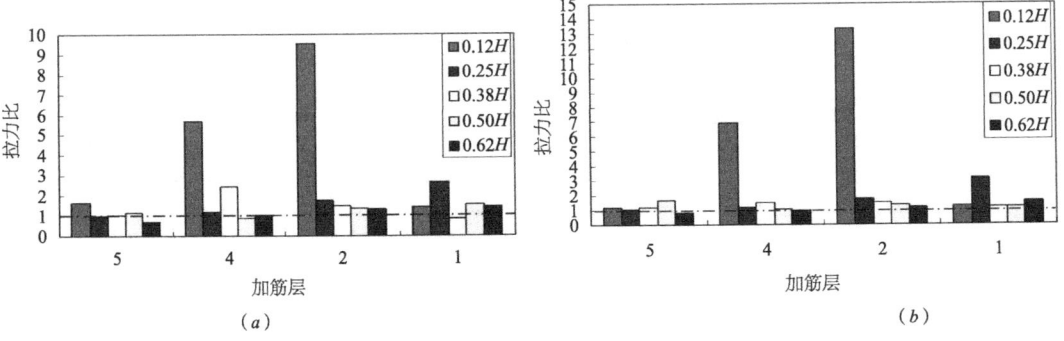

图 4-29　拉力比

（ a ）加速度 $30g$ 时；（ b ）加速度 $40g$ 时

根据所记录的数据可以看出：在距离面板 $0.12H$ 处、加速度值为 $30g$ 时，固定型模型第五层、第四层、第二层、第一层加筋上所受的拉力分别是移动型模型对应层的 1.67、5.71、9.54、1.47 倍，所有位置的拉力比见表 4-15。根据图 4-29 和表 4-15，我们发现：除了第五层 $0.62H$、第四层 $0.50H$、第一层 $0.38H$ 几点之外，几乎所有的比值都大于 1（见表 4-15），并且最大拉力出现在 $0.12H$ 处，即在加筋与面板的连接部位，连接类型对加筋端部的最大拉力值的影响最大。

	拉力比									表4-15

位置	拉力比（%）									
	0.12H		0.25H		0.38H		0.50H		0.62H	
加筋层	30g	40g	30g	40g	30g	40g	30g	40g	30g	40g
第五层	1.67	1.17	1.00	1.07	1.07	1.14	1.20	1.69	0.73	0.87
第四层	5.71	6.92	1.25	1.20	2.45	1.54	0.89	1.12	1.05	1.01
第二层	9.54	13.33	1.78	1.74	1.48	1.47	1.42	1.33	1.36	1.17
第一层	1.47	1.28	2.67	3.16	0.85	1.17	1.54	1.20	1.45	1.61

注：$R_{FM} = \dfrac{F_{Fixed}}{F_{Moving}}$

通过以上分析，我们明确发现，将连接方式由固定型改为移动型，可以降低各加筋层内的加筋拉力；改变连接类型对降低加筋内轴向拉力的影响较显著的位置在面板附近，即加筋与面板的连接部位。这可能是通过"三角形扣"将U形卡和加筋连接以后，这种连接允许加筋随填料的沉降一起向下运动后，减小了加筋的轴向变形，从而显著降低了加筋端部的轴向拉力。

4.6 对破坏加速度大小的影响

本研究采用2、4、6mm三种类型的面板厚度和固定型连接、移动型连接两种连接方式，通过系列离心模拟试验探明弯曲刚度和连接方式对模型破坏加速度的影响。抗弯刚度的变化通过调节模型挡土面板厚度来实现，连接方式通过改变模型的加筋与面板的连接类型来实现。

F-1、F-2、F-3表示固定型连接模型，M-1、M-2、M-3表示移动型连接模型。本研究定义前者为基本类型，用于分析因连接类型的改变对破坏加速度大小的影响。

4.6.1 面板抗弯刚度的影响

面板厚度与破坏加速度关系曲线如图4-30所示，破坏加速度增量比见表4-16。

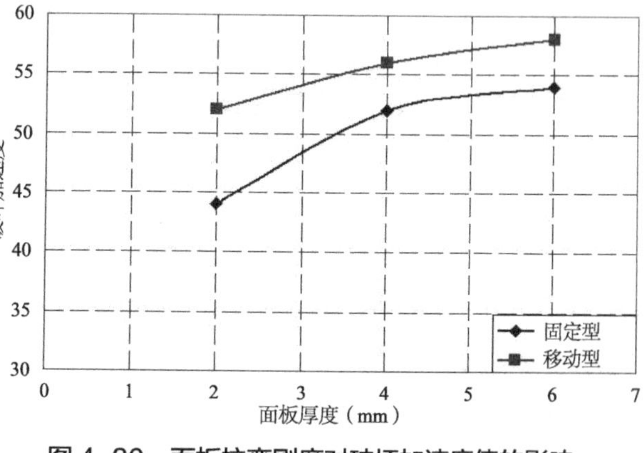

图4-30 面板抗弯刚度对破坏加速度值的影响

对于固定型连接所对应的 F-1、F-2、F-3 三种情况，面板抗弯刚度对加筋土挡墙模型破坏加速度值大小的影响显著，随着面板抗弯刚度（即面板厚度）的增加，模型的破坏加速度值增大，二者之间表现出非线性关系（见图 4-30）。从具体数据上看，模型 F-2、F-3 的破坏加速度值分别比模型 F-1 提高 18.2%、22.7%；F-3 比 F-2 提高 3.8%（见表 4-16）。

破坏加速度增量比（%）
表 4-16

连接类型		R_{MF11}	R_{MF22}	R_{MF33}
		+18.2	+7.7	+7.4
抗弯刚度	固定型	R_{FF21}	R_{FF31}	R_{FF32}
		+18.2	+22.7	+3.8
	移动型	R_{MM21}	R_{MM31}	R_{MM32}
		+7.7	+11.5	+3.6

注：$R_{MFii}=\dfrac{G_{M-i}-G_{F-i}}{G_{F-i}}\times100\%$　$R_{FFij}=\dfrac{G_{F-i}-G_{F-j}}{G_{F-j}}\times100\%$　$R_{MMji}=\dfrac{G_{M-i}-G_{M-i}}{G_{F-i}}\times100\%$（$i=1,2,3$；$j=1,2,3$。"+"表示增加，"–"表示减少。）

基于以上分析可知：对于固定型连接离心模型试验，面板抗弯刚度的增加对破坏加速度值增加量的影响，模型 F-1 和 F-2 之间的影响要比模型 F-2 和 F-3 之间更加明显，也就是说，面板抗弯刚度对破坏加速度增量的影响，随着抗弯刚度的增加而逐渐减小。

对于移动型连接所对应的 M-1、M-2、M-3 三种情况，面板抗弯刚度对加筋土挡墙破坏加速度大小也有显著影响。随着面板抗弯刚度（即面板厚度）的增加，模型破坏加速度值增大，二者之间表现出非线性关系（见图 4-30）。从具体数据上看，模型 M-2、M-3 的破坏加速度值分别比 M-1 提高 7.7%、11.5%；模型 M-3 的破坏加速度值比 M-2 提高 3.6%（见表 4-16）。

根据以上结果，对于移动型连接模型，面板刚度的增加对破坏加速度增量的影响，模型 M-1 和 M-2 之间的影响要比 M-2 和 M-3 之间的影响更加明显，与固定型连接模型所表现的类似。也就是说，随着面板抗弯刚度的增加，面板抗弯刚度对加速度值增量的影响应逐渐减小。

此外，上述结果还表明，在使用相同的材料和边界条件下，采用合理的面板抗弯刚度范围，面板抗弯刚度越大，成功建造加筋土挡墙的可能性越大。

以上分析表明，随着面板刚度的增加，挡土墙的侧向位移明显减小。侧向位移的减小进而会使加筋条中的拉力减小，使加筋土挡墙模型的破坏同时推迟，从而提高了模型的破坏加速度值。

4.6.2 连接类型的影响

连接类型与破坏加速度关系曲线如图 4-31 所示，破坏加速度增量比如表 4-16 所示。

对比 M-1 与 F-1、M-2 与 F-2、M-3 与 F-3 的加速度值的增加结果，我们清楚地发现连接方式对加筋土挡墙破坏加速度值的影响显著。随着连接方式由固定型变为移动型，模型的破坏加速度值增大，并表现出非线性行为（见图 4-30）。从具体数据上看，M-1、M-2、M-3 的

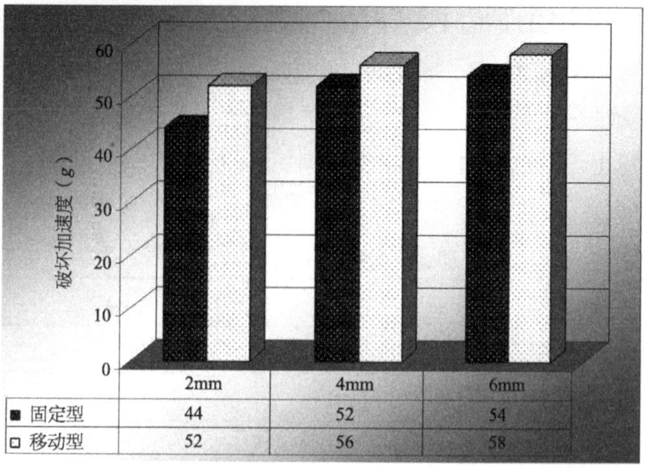
破坏加速度（g）
60
50
40
30
20
10
0
2mm
4mm
6mm
固定型 44 52 54
移动型 52 56 58

图 4-31　连接类型对破坏加速度值的影响

破坏加速度分别比 F-1、F-2、F-3 提高了 18.2%、7.7%、7.4%（见表 4-16）。

以上结果表明，在任何情况下，连接方式的改变都会对破坏加速度产生显著影响。与 M-3 和 F-3 模型相比，M-1 和 F-1 模型的失效加速度值增量对连接类型的变化更为敏感，与 4.6.1 节所述相似。也就是说，随着面板抗弯刚度的增加，改变连接方式对加速度值的影响应逐渐减小。

基于上述分析，可以知道在相同材料和边界条件下，面板抗弯刚度在合理范围内，采用移动型连接方式应能显著提高加筋土挡墙的稳定性。这是由于在移动型连接模型中，U 形座和加筋之间采用“三角形扣”，使得加筋端部能随着填料体的沉降一起向下垂直移动，由土体自重引起的侧向荷载无法由加筋传递到面板上；而对于固定型连接模型，连接“U 形卡箍”固定在面板上，即在填料沉降后，不允许“卡箍”及加筋向下垂直移动，因此将土体自重引起的侧向荷载由加筋传递到面板上。移动型连接有效降低了加筋层内的拉力，推迟了加固支护模型的破坏，从而提高了破坏加速度值。

5 模型的有限元分析及结果比较

5.1　有限元分析综述

影响加筋土挡墙性状的因素众多，利用解析方法求解相当困难。目前，数值方法，尤其是有限单元法，是解决这一问题的最重要的途径。此种方法的优点是不仅可以同时分析受荷土体的应力场与位移场，而且能在计算中考虑土体的非均质和非线性特征以及土体随时间和荷载的变化，因而计算成果可反映从施工开始到运行时期土体性状的全过程。目前，不同类型的有限元分析方法已用于加筋土结构。所有的分析都涉及将土体离散为有限个单元体，并为每个单元指定属性。加筋土的有限元分析主要有两种方法，第一种方法：将筋—土合为一体，作为一种复合材料整体考虑,土体—加筋矩阵中的每个单元都具有代表土体和加筋的属性（Romstad等，1976）。另一种方法是将土体和加筋分别定义为不同的离散单元，并赋予不同的材料属性（Al-Hussaini 和 Johnson，1977；Herrmann 和 Al-Yassin，1978）。

Goodman 等（1968）提出界面接触单元用于模拟土体—加筋间的相互作用；Duncan 和 Wong（1980）假定土体的应力—应变关系为双曲线变形特性进行建模。用有限元法（FEM）计算的加筋材料中的拉力值与现场测量值进行比较，二者契合度较高。

其他离散有限分析方法与上面叙述的方法非常相似。离散单元模型存在两个问题。首先，在二维分析中，不连续的加筋体如条、杆、网等，由于假定平面应变条件占优势而被模拟为连续（片）增强体。其次，由于计算分析时，必须使用大量单元，因此在分析大型复杂结构时，该计算方法的运行成本变得过高。

有限元分析可用于计算分析所有挡土墙的内部应力场和位移场。目前，这种分析方法主要用于验证现有的半经验设计方法的设计结果及对试验结果的校核，还可用于非正常结构或复杂结构的设计。

在本研究中，使用荷兰 BV 公司开发的商用程序 PLAXIS Version 8.0，对模型实施有限元分析（FEM），探究由于挡土面板抗弯刚度的变化和加筋连接方式的改变对加筋土挡墙结构的位移特性及各层加筋内的拉力分布的影响。进一步探明上述改变对加筋土挡墙整体性能的影响。计算分析中，荷载只考虑土体及挡土面板自重，未考虑地下水位上部超载或地震荷载。PLAXIS 程序能出色地模拟岩土工程系列问题如稳定性、固结、压实等，并具有强大的扩展编程能力，故被选中用于本研究。虽然对于复杂的分析，使用 FEM 有时会耗费较长的计算时间，但随着高速超级计算机的出现，这已经不是一个主要问题。

本研究使用 PLAXIS 程序，分别建立了相当于 30g、40g 离心加速度下、试验模型面板厚度分别为 2、4、6mm 的固定型连接和移动型连接模型。分析模型中使用的所有数据及尺寸，如图 5-1 所示。

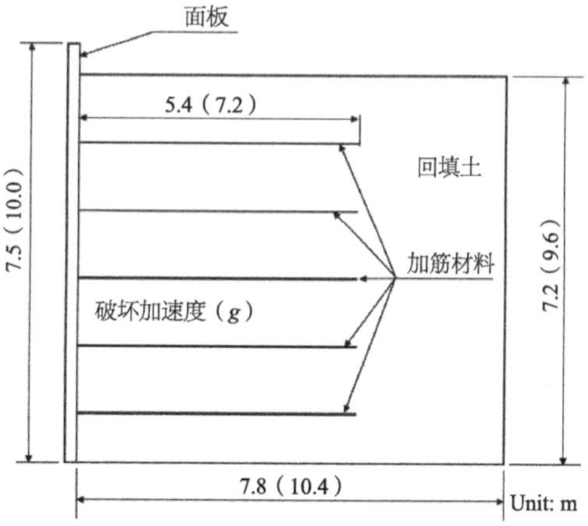

图 5-1　有限元分析模型构成
（括号中数值表示离心机加速度值为 40g 时的对应模型）

5.2　加筋土挡墙模型

5.2.1　模型生成

本研究采用有限元分析模型，按照实际建造过程逐层加载，模拟连续挡土面板加筋土挡墙在自重荷载作用下，达到预定高度时的受力性能。该程序可以记录并显示有限元分析模型墙体在施工过程中的位移变化、破坏高度、加筋中的拉力分布等各种参数响应。模型的组成和基本几何结构如图 5-1 所示。

通过按预定层数和高度，分层增加填料高度和布置加筋材料层，直至达到预定高度，并不断更新有限元分析模型参数，来模拟墙体的实际施工顺序。例如，对应于 30g 加速度值，第一层加筋配置在标高 900mm 处，加筋层的竖向间距 1200mm（30×40=1200mm，对于 40g 模型，其计算方法与 30g 相同）。创建模型的具体技术路线为：①几何建模；②材料本构的选取；③单元的选取；④约束的建立；⑤边界条件的建立；⑥材料参数的选取；⑦数值模拟；⑧结果分析。

几何建模过程中，对于施工过程的模拟如下：

第一阶段：建立基础模型；

第二阶段：安装面板；

第三阶段：放置第一层填料；

第四阶段：安装第一层加筋；

第五阶段：放置填料并安装第二层加筋；

第六阶段：放置填料并安装第三层加筋；

第七阶段：放置填料并安装第四层加筋；

第八阶段：放置填料并安装第五层加筋；

第九阶段：放置填料；

第十阶段：结束。

利用有限元分析模型模拟施工过程，直到达到预定离心加速度值所对应的高度，程序停止；为了确定破坏面，程序会因为某一单元的过度位移而停止。

在上述墙体施工阶段的模拟过程中，相应的数值和物理参数，如滑动面发展、每个阶段的位移、系统最大位移等都以数据方式记录。根据最大不平衡力所定义的临近破坏的墙的高度称为临界墙高。当高度大于临界高度时，对应的所有状态都被认定为破坏状态。为探明加筋连接方式和挡土面板抗弯刚度对加筋土挡墙各种性能的影响，通过原定模型变量的设置，实施有限元数值模拟计算（表5-1）。

加筋土模型材料参数 表5-1

单元	E（kN/m²）	EA（kN/m）	γ（kN/m³）	v	c（kN/m²）	$\phi°$
填料	15000	—	17.5	0.30	1.0	28.3
挡土面板	7.14×10^7	—	27.0	0.33	—	—
加筋	—	7067.7	—	—	—	—

进行有限元计算前，几何模型必须分割、离散为有限个单元。有限个单元的组合称为有限元网格。在本程序中基本单元为6结点三角形单元和15结点三角形单元。除了基本单元外，还有用于结构特性的特殊单元（梁单元、土工织物单元、界面单元、节点对节点锚固和端锚固）。本程序允许自动生成有限元网格。网格生成器是Sepra开发的三角形网格生成器的特殊版本。网格的生成基于鲁棒三角剖分过程，这种过程会导致"非结构化"网格。这些网格可能看起来杂乱无章，但这些网格的数值性能通常比常规（结构化）网格要好。

在分析计算中必须允许使用大应变计算的程序命令，特别是在回填材料中，以便在材料单元中允许发生屈服后行为。该技术帮助我们识别模型结构内部的高应力—应变区，包括模型破坏面（如果有的话），特别是当结构设计不当时。

本研究采用弹性材料单元、莫尔库仑材料单元、结构单元和界面单元四种单元，建立了加筋土挡墙结构模型。

5.2.2 加筋和墙面单元模型

加筋通常被模拟为一种理想弹塑性材料，其屈服应力受材料的弹性极限和拉拔抗力控制，取二者中的较小者。可以用数值方法引入材料的非线性弹性特性。土体与网格（或条形）状加筋之间的界面特征模拟是真正意义上的三维模拟。

实际工程中的加筋土挡墙，最常用的挡土面板是混凝土面板、钢或聚合物网格。在二维有限元分析中，面板单元通常由具有轴向刚度、剪切刚度和抗弯刚度的梁单元表示。一般将面板单元视为具有弹性模量、剪切模量、单位宽度截面积和转动惯量等材料特征的弹性材料。面板与加筋之间的连接在二维有限元模型中以铰链模拟（Schmertmann 等，1989）。

5.2.3 土体单元建模

土体和岩体在荷载作用下应力—应变特性往往表现为高度非线性，这种非线性特性可以在几个复杂程度不同的层次上建模。显然，模型参数的数量随着复杂程度的增加而增加。常用的模型可分为两类：一类是遵守 Mohr-Coulomb 破坏准则的双曲线非线性弹性模型，一类是遵守修正 Cam-Clay 模型的弹塑性模型。

1. 线弹性模型

该模型使用各向同性线性弹性胡克定律，包括杨氏弹性模量 E 和泊松比 ν 两个参数。线弹性模型用来模拟岩土的性状时，有很大的局限性，主要用于土体内部刚性结构的模拟。

2. Mohr-Coulomb 模型

众所周知的 Mohr-Coulomb 模型可以看做是土体真实变形特性的一阶近似。该理想弹塑性模型需要输入五个基本参数，即杨氏模量 E、泊松比 ν、黏聚力 c、摩擦角 ϕ 和剪胀角 ψ。由于岩土工程师一般熟悉上述五个参数，而又很难得到其他岩土参数的有关数据，故应该把精力集中在该基本岩土模型关系上。

可以从标准排水三轴压缩试验获得的典型应力—应变曲线（图 5-2a），来理解上述五个基本模型参数。进行三轴压缩试验时，先在试样周围施加围压，然后，在保持径向力恒定不变的同时，增加轴向压力。在加载的第二阶段，土体试样往往会产生如图 5-2（a）所示的曲线，在砂土中，往往产生体积（或体积应变）增加现象，并且这种现象在岩石试样中也会经常观察到。图 5-2（b）所示为使用 Mohr-Coulomb 模型将测试结果转化为理想形式的结果。由图 5-2，可

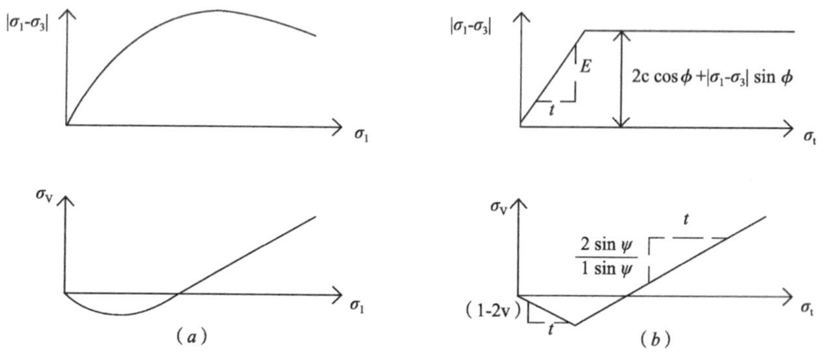

图 5-2　标准排水三轴试验结果及弹塑性模型

| σ_1——Axial stress | ε_1——Axial strain |
| σ_3——Constant confining pressure | ε_v——Volumetric strain |

以得到五个基本参数的含义及其受到的影响。注意：剪胀角 ψ 是模拟体积不可逆增长模型时，所必需的参数。

3. Hardening Soil 模型

该模型是经过改进的模拟岩土行为的模型，使用摩擦硬化的塑性定义，属于弹塑性双曲线类模型。该模型用到的压缩硬化可用于模拟在初始条件下发生的不可逆压缩，该二阶模型可用于模拟砂土、砾石和超固结土的应力—应变特性。

土的应力—应变曲线近似为双曲线（Kondner 和 Zelasko，1963），表示为：

$$\sigma_1 - \sigma_3 = \frac{\varepsilon_1}{a + b\varepsilon_1} \tag{5-1}$$

式中　σ_1、σ_3——最大主应力、最小主应力；

ε_1——轴向应变；

a、b——常数，其值可由常规三轴压缩试验确定。$\frac{1}{a}$ 为初始切线模量，$\frac{1}{b}$ 为极限主应力差。

Duncan 和 Chang（1970）对该模型进行了改进，主要考虑了：

（1）根据 Janbu（1963）给出的初始切线模量关系，得到如下表达式：

$$E_{\text{t}} = KP_{\text{a}} \left[\frac{\sigma_3}{P_{\text{a}}} \right]^n \tag{5-2}$$

式中　P_{a}——大气压力；

K——模量数量；

n——模量指数。

（2）用 Mohr-Coulomb 破坏准则确定 b 值。切线模量 E_{t} 表达式为：

$$E_{\text{t}} = \left[1 - \frac{R_{\text{f}}(1 - \sin\phi)(\sigma_1 - \sigma_3)}{2c\cos\phi + 2\sigma_3\sin\phi} \right]^2 KP_{\text{a}} \left[\frac{\sigma_3}{P_{\text{a}}} \right]^n \tag{5-3}$$

式中　c——土体的凝聚力；

ϕ——土的摩擦角；

R_{f}——失效率，$R_{\text{f}} = b(\sigma_1 - \sigma_3)_{\text{fail}}$；

$(\sigma_1 - \sigma_3)_{\text{fail}}$——土体破坏时的主应力差。

土样的卸载—再加载模量通常高于土的原始加载模量，并且在给定的围压下，对于给定的土体，再加载模量大致是恒定的表达式，如下：

$$E_{\text{ur}} = K_{\text{w}} P_{\text{a}} \left[\frac{\sigma_3}{P_{\text{a}}} \right]^n \tag{5-4}$$

式中　K_{w}——卸载—再加载模量。

土的非线性本构模型因其结构简单、参数易于通过常规三轴压缩试验确定，广泛应用于有限元分析中。该模型的缺点是不能考虑土体在剪切作用下的膨胀特性。此外，基于广义胡克定律，对土体临近破坏状态、发生较大塑性变形的应力—应变关系，目前的研究还比较少。

4. 软土 Cam-Clay 模型

Cam-Clay 模型适用于模拟正常固结的黏土和泥炭等软土的变形特性。该模型在初始压缩情况下表现最佳。该模型假设在体积应变和平均有效应力之间存在对数关系。

为模拟土体的弹塑性行为，需要定义①屈服面、②塑性体应变硬化规律、③流动规律。模型基于对临界状态线、相关联塑性理论中屈服面与固结定律的假定。

应变硬化定律是应力空间中屈服面的位置与材料在到达所考虑的特定应力点时所经历的塑性应变之间的关系。流动规则提供塑性位移期间的应变率矢量与施加的应力矢量之间的关系。如果出现塑性位移的增量，则应力点应位于屈服面上，应力增量应指向该表面外。

土的变形特性，可以使用的弹塑性模型理论有好几种。临界状态模型理论，如 Roscoe 于 1963 年提出著名的 Cam-Clay 模型，是应用塑性理论的代表，被看作现代土力学的开端。Roscoe 和 Burland（1968）又进一步修正了 Cam-Clay 模型。可以这样说，Cam-Clay 模型开创了土力学的临界状态理论。

临界状态模型是弹塑性、各向同性应变硬化规律的一种形式。利用临界状态线与应变相关屈服面相结合的概念，给出了屈服破坏与极限破坏的区别。当土体处于持续变形的临界状态时，孔隙比和有效应力分量均不发生变化。在该模型中，剪切位移作用下的土体可以通过屈服点而不发生坍塌，并继续变形，直至达到临界状态线，此时土体存在较好的塑性变形状态。在这种状态下，土体继续变形，孔隙比和应力没有进一步变化。修正的 Cam-Clay 模型作为临界状态模型得到了广泛的应用。修正 Cam-Clay 模型的屈服面轨迹应为 p'–q 平面中的椭圆（p' 是平均有效应力，q 是偏应力）。修正后的 Cam-Clay 模型假定塑性变形符合相关联的流动法则，因此屈服函数和塑性流动函数是相同的：

$$p' = \frac{p'_{\text{o}} M^2}{M^2 + \eta^2} \tag{5-5}$$

式中　p'——有效平均应力；

　　　p'_{o}——各向同性先期固结压力；

　　　M——p'–q 平面内，破坏线的斜率；

　　　η——应力比，$\eta = q/p'$。

应变硬化规律使用固结参数 λ 和 κ 计算，这两个参数可以通过正常固结土的各向等压力压缩和卸载试验获得。参数 λ 是在加载期间 $e \sim \ln p'$ 曲线的斜率，而 κ 是 $e \sim \ln p'$ 曲线在回弹阶段斜率的初始值；应变表示为体积应变和剪切应变。在弹性状态下，弹性剪切应变在原始理论计算时可以忽略，但在有限元计算公式中，加入了剪切模量（G）或泊松比（v）等参数以考虑剪切应变的影响（Britto 和 Gunn，1987）。弹性体积应变如下：

$$dv^e = \frac{\kappa dp'}{(1+e)p'} \tag{5-6}$$

式中　e——初始孔隙比。

塑性体积应变增量 dv^p 和剪切应变增量 $d\varepsilon^p$，以下列公式表示：

$$dv^p = \frac{\lambda}{1+e} \left[\frac{dp'}{p'} + \frac{2\eta d\eta}{M^2 + \eta^2} \left(1 - \frac{\kappa}{\lambda} \right) \right] \tag{5-7}$$

$$d\varepsilon^p = \left(\frac{2\eta}{M^2 - \eta^2} \right) \left(\frac{\lambda - \kappa}{1+e} \right) \left(\frac{dp'}{p'} + \frac{2\eta d\eta}{M^2 + \eta^2} \right) \tag{5-8}$$

在有限元计算中，修正后的 Cam-Clay 模型只需要五个基本常数 M、λ、κ、G、J 和单位平均压力下临界状态线上的孔隙比 e。

对于加筋土结构，通常采用非线性非弹性模型对回填材料进行建模。对于软土地基，弹塑性模型得到了广泛的应用。

5.3　输入参数

计算分析中需要输入的参数可分为两类：几何性质和材料属性。材料属性主要来自于忠北大学土木工程系的所作的室内试验结果。

在所使用的程序中，几何属性首先由鼠标和键盘或其他与 PLAXIS 程序兼容的方法输入。如果使用鼠标和键盘绘制没有达到所需的精度，则可以使用坐标输入法。任意点（x，y）的坐标值都可以手动输入相应的值。所有几何输入选项均可采用手动输入。

建模计算时，土体采用塑性结构模型，将其模拟为黏性材料，选取具有双曲应力—应变关系的 Mohr-Coulomb 破坏准则（Wong 和 Duncan，1974）。各土层摊铺静置平衡后，土体的弹性模量采用下式进行更新：

$$\frac{E_s}{P_a} = K \left(\frac{\sigma_3}{P_a} \right)^m \tag{5-9}$$

式中　E_s——土的弹性模量；

　　　P_a——大气压力；

　　　σ_3——最小有效主应力；

　　　K，m——双曲模型系数。对于所有数值模拟，双曲模型系数 $m=0.5$（Bathurst 和
　　　　　　　　Hatami，1999；Ling 等，2000）。

采用理想弹性模型将加筋和挡土面板模拟为不连续材料，该模型包含两个参数，即杨氏模量 E 和泊松比 v。

有限元分析建模时可能用到的各种材料的参数如：弹性模量、泊松比、重度（包括饱和重度）、黏聚力、摩擦角等，如表 5-1 所示。

实施数值计算时，将模型的填料分为 7 层、加筋分为 5 层，逐层增加，以模拟加筋土挡墙结构的实际建造过程；每层填土的重量与其原型相应土层重量相当。应用该程序模拟了随面板厚度（即抗弯刚度）或加筋与面板连接方式的变化，对面板的稳定性和位移、加筋土体的变形性能、加筋内的拉力等参数的影响。最后的分析结果以竖向位移、侧向位移、加筋拉力、破坏滑动面等分类资料给出。

5.4　界面单元

理论建模的主要目的之一是将模型，如有限元分析模型，应用于岩土问题的有限元分析。目前，已有两种基本物理模型或基本单元，用以模拟界面特征。第一种模型涉及插入零厚度的"节点"或"界面"单元。这种方法是由 Goodman 等（1968）开创的，比较成功地处理了岩体的不连续性，并被广泛使用。第二种模型由 Desai 等（1984）推导出了位移法、混合法和杂交法，涉及带有或没有特殊的本构关系的、很"薄"的非零厚度连续体的使用。

界面由界面单元组成。图 5-3 显示了界面单元是如何与土体单元连接的。当使用 6 节点的土体单元时，对应的界面单元由 3 对节点定义；而对于 15 节点的土体单元，对应的界面单元由 5 对节点定义。在图 5-3 中，界面单元的厚度是有限的，但是在有限元公式中，每个节点对应的坐标是相同的，这意味着单元的厚度为零。

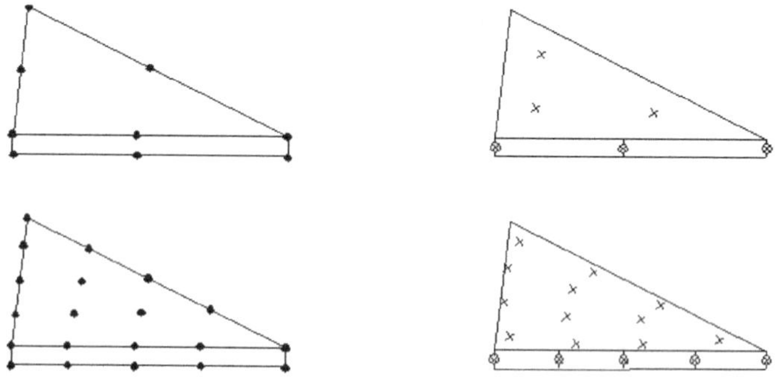

图 5-3　节点和应力点在界面单元中的分布以及与土体单元的联系

5.4.1　物理模型

界面单元和土单元节点连接方程式源于靠近界面的土体单元与界面单元相关节点位移之间的关系。对于二维分析，其本构或应力—应变关系可以用下式表示：

$$\begin{Bmatrix} \sigma_n \\ \tau_n \end{Bmatrix} = \begin{bmatrix} k_n & 0 \\ 0 & k_s \end{bmatrix} \begin{Bmatrix} v_r \\ \mu_r \end{Bmatrix} \tag{5-10}$$

式中 σ_n——界面法向应力；

$\quad\quad$ τ_n——界面剪应力；

$\quad\quad$ k_n——界面法向刚度；

$\quad\quad$ k_s——界面剪切刚度；

$\quad\quad$ v_r——界面相对法向位移；

$\quad\quad$ μ_r——界面相对剪切位移。

对于土体—结构相互作用问题，假定"连接单元"的厚度为零。基于结构和土体介质在界面处不重叠的假设，对正常刚度 k_n 规定值为 1010～1012 个单位。

在薄层单元中，两种土料之间的实际剪切区域为薄层。使用薄层单元来模拟界面行为的想法似乎是合乎逻辑的。Zienkiewicz 等（1970）是第一个使用实体单元作为界面单元的研究者。本构关系表示如下：

$$\{\mathrm{d}\sigma\}=[c]_i\{\mathrm{d}\varepsilon\} \tag{5-11}$$

式中 $\{\mathrm{d}\sigma\}$——应力增量向量；

$\quad\quad$ $\{\mathrm{d}\varepsilon\}$——应变增量向量；

$\quad\quad$ $[c]_i$——本构矩阵。

在这种情况下，薄层单元的性能取决于薄层界面区的特征、应力状态以及周围单元的属性，但对界面区厚度非常敏感。Desai 等（1984）研究发现：当 t/B 的比值（t 是薄层单元的厚度，B 是一般单元的宽度）在 0.1～1.01 的范围内时，可以获得令人满意的界面行为模拟。Desai 法和 Goodman 法基于不同的方法论。然而，在实际操作中，单元的厚度似乎没有太大差异。假定节点单元的厚度为零，但在确定剪切刚度时考虑了层的厚度。薄层的厚度并不是界面的真实厚度，它与单元的宽度有关，以适应实际的界面行为。

5.4.2 界面本构模型

对于节点单元和薄层单元，最重要的问题是确定剪应力与法向位移关系的本构关系。已有的本构关系主要有：理想线弹—塑性本构关系、双曲本构关系和硬化本构关系。在弹—塑性模型下，界面的抗剪强度遵循 Mohr-Coulomb 法则：

$$\tau_f=c_n+\sigma_n\tan\varphi \tag{5-12}$$

式中 c_n——界面黏聚力；

$\quad\quad$ φ——界面摩擦角；

$\quad\quad$ σ_n——作用于界面的正应力。

在剪应力达到抗剪强度之前，剪应力 τ 与剪切刚度 μ_r 和相对位移 k_s 相关，关系式如下：

$$\tau = k_s \mu_r \tag{5-13}$$

当剪应力大于抗剪强度时,剪切位移将在剪应力不变的情况下继续增大。该模型关系简单,且参数 c_n、φ、k_s 可通过室内测试轻易确定。但是,该方法无法模拟界面的硬化或软化行为。

对于双曲线模型,由 Duncan 和 Chang(1970)开发的土体的双曲应力—应变关系已经应用到模拟切应力—剪应变关系(Clough 和 Duncan,1971),关系式如下:

$$\tau = \frac{\delta \mu_r}{b_1 + b_2 \delta \mu_r} \tag{5-14}$$

式中　τ——界面剪应力;

　　　$\delta \mu_r$——给定应力条件下界面的相对位移;

　　　b_1,b_2——常数,分别等于 $1/k_1$、$1/\tau_{ult}$。其中,k_1 为单位剪切面积的初始切向剪切刚度,τ_{ult} 为极限剪切应力值。

以类似于土的切线模量的方式,该界面的剪切刚度 k 可表示为:

$$k_t = \left(1 - \frac{R_{f1}\tau}{c_a + \sigma_n \tan\varphi}\right)^2 k_1 r_w \left(\frac{\sigma_n}{P_a}\right)^{n_1} \tag{5-15}$$

式中　R_{f1}——极限剪应力与界面破坏应力之间的破坏比;

　　　c_a——界面黏聚力;

　　　φ——界面摩擦角;

　　　σ_n——作用于界面的正应力;

　　　k_1——剪切刚度数;

　　　n_1——剪切刚度指数;

　　　r_w——水的重度。

上述模型本构关系也很简单,并且所有参数都具有明确的物理意义,可用于处理界面的非线性行为和应变硬化行为。但它也不能像理想弹塑性模型那样考虑应变软化行为。

在弹塑性模型中,界面行为有几种模拟方法。其中有一些套用了与软件开发土体单元使用的数学结构相同的关系,但使用界面相对位移而不是应变(Boulon,1989)。Gens 等(1990)提出的柔性本构关系是一个典型的本构关系,屈服面在剪应力 τ 和法向应力 σ_n 坐标系内是一个双曲线函数,但塑性潜在的函数关系需要通过试验确定。关键是假定控制界面的硬化/软化剪胀角的因素,界面的摩擦角随塑性位移的变化而变化,二者遵循相同的函数关系。

理想情况下,弹塑性模型比其他模型更能反映界面应力—位移特性。然而,由于某些模型参数难以获得,需要进行专门的试验来确定,因此目前理想弹塑性模型或双曲线模型仍被广泛应用(Adib 等,1990)。这些模型关系简单,通过常规试验就可以方便地确定所需要的参数。另外,非线性界面剪应力—剪位移关系和应变硬化关系仍然可以正确模拟某些工程情况。

前人的有限元模拟研究结果表明，当模型具有大的位移时，土体单元倾向于"穿透"加筋单元，并导致输出不准确的应力和应变信息；并且显示加筋单元节点没有和土体单元的节点很好地固定。由于假设加筋材料和土体之间是完美粘合，当加筋单元固定到材料单元的节点时，不需要输入界面属性。

图 5-4（a）所示的土体和结构相互作用的问题，应引起特别注意。刚性结构的角点和边界条件的突变，可能导致应力和应变的集中。传统的有限元计算方法不能解决这些问题，因此会产生应力的非物理振荡。这个问题可以通过使用如图 5-4（b）所示的界面单元来解决。从图中可以看出，定义进入土体内部的附加界面单元，可以防止应力振荡问题。这些单元将增强有限元网格的灵活性，从而防止非物理应力结果发生。

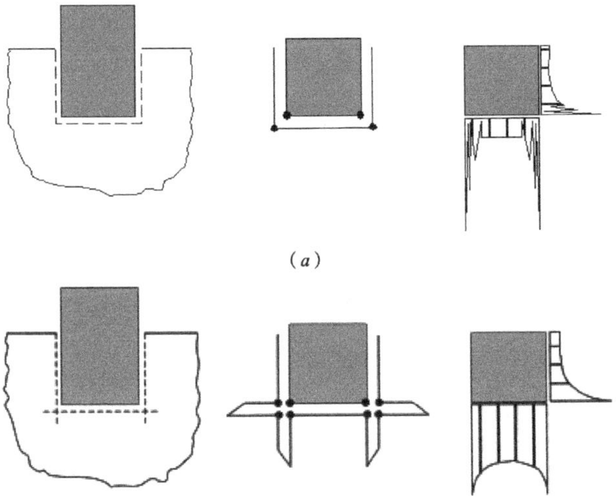

（a）

（b）

图 5-4　刚性结构的角点和边界条件的突变

（a）引起应力结果异常的非柔性角点；（b）改善应力结果的柔性角点

5.4.3　界面参数

结构—土体界面的连接或界面的行为影响着加筋土结构的性能。界面上的运动包括荷载作用下的相对平动和旋转。在有限元法等数值计算方法中，采用特殊的界面单元或连接单元来考虑界面特性对结构性能的影响。

根据填料材料的标准三轴压缩试验结果，确定了界面模型参数。对挡土面板—填料的极限标准和正常使用标准下的界面参数，可以根据 SRWU-1（国家混凝土砌石协会（NCMA），1996）试验方案确定，也可以参考 Bathurst 等（1996）的报告。填料使用砂时，面板与填料的界面摩擦角取砂摩擦角的 2/3。对使用砾石材料做填料的挡土墙，以混凝土或砖构筑的挡土面板，二者之间的摩擦角作同样的假设。根据类似的材料参数，填料与钢筋之间的界面摩擦取填料摩擦的 90%（Krieger 和 Thamm，1991），而不是 NCMA（1996）提出的针对没有可靠数据参考给出的保守值 70%。

5.5 分析过程

5.5.1 几何模型的创建

生成有限元模型首先要新建几何模型。本研究的几何模型包括面板、加筋材料层、填料层以及以线和点表示的材料之间的界面。除了这些基本组件之外，还可以将结构对象或特殊条件指定给几何模型。

开始创建几何模型时，建议绘制模型完整的外部几何轮廓，再绘制轮廓内的基本组件。然后，建立材料属性数据组，再将各种材料的属性分配给相应的几何组件。当完成所有的几何图形，并且所有几何图形组件都被定义各自的初始属性时，几何模型的创建就完成了，然后，进行边界条件的创建。

5.5.2 边界条件设置

在有限元分析中，边界条件应考虑工程实际条件，认真、仔细设置，以避免出现任何虚假的反力或位移。以下条件仅适用于加筋土挡墙结构的静态分析。如果进行动态分析，必须对边界条件标准进行仔细研究。

（1）建立加筋土挡墙模型时，填料体的长度应大于"加固区"长度，以消除边界效应对计算结果的影响。对于加筋填料体形状不规则或与基岩相交，有可能发生应力非物理振荡情况，应对边界条件采取特殊处理措施。

（2）为消除边界效应的影响，加筋土挡墙模型的基础部分应至少扩展至等于加筋土挡墙或基岩高度的深度。然而，当主要关注加筋土挡墙沉降问题时，建模时，模型下部地基土厚度应考虑至加筋土挡墙基础引起的附加应力可能影响的深度，即基础下的所有可压缩土层的深度。

（3）对于挡土墙前部分土体模型的处理，与未加固的填料一样，必须对不规则形状或较短长度的边界部分进行特殊处理。否则，建模时，墙前的水平距离应至少等于加筋的长度，以消除边界效应。

（4）当开发室内缩尺模型的有限元分析模型时，必须仔细设置试验设施和器具的边界条件，如反力墙、混凝土基础和墙趾反力，使其与现场及有限元分析模型尽量一致。

本研究所使用的程序，边界条件按照以下规则生成：

竖向几何线在其 x 坐标值从最小到最大范围，在 y 值最小的点属于固定，即在该点 $ux=0$；而对于水平几何线，当在 y 值最小时，水平网线被完全固定（$ux=uy=0$）。

如果梁单元延伸到几何模型边界并与其相交，则该交点的位移至少一个方向被限制，那么在边界点与梁单元交点处，梁只能作固定旋转（$fz=0$）。

标准固定元件可以作为当前研究模型的一种方便快捷地输入选项。边界定义完成后，可以生成网格。

5.5.3　网格生成

在把几何模型定义完整，边界定义准确，而且给所有类组和结构对象都分配了材料属性之后，必须把几何图形划分为有限个单元后，方可执行有限元计算。若干个有限单元的组合称为有限元网格。基本单元为 6 结点的三角形单元和 15 结点的三角形单元。除此之外，还有用于模拟结构性状的特殊单元（如梁单元、土工织物单元、界面单元等）。本研究所创建的模型的主要组成部件为地基、挡土面板、填料和加筋层（见图 5-1）。考虑离心试验模型尺寸，根据有限元分析要求，建模所需的模型几何尺寸如表 5-2 所示；模拟计算时，允许模型更改面板几何尺寸和加筋连接类型。

网格生成器分为三角形网格生成器和四边形网格生成器。本软件的网格生成器允许产生"非结构化网格"。这些网格可能看起来杂乱无章，使用这类网格的数值运算性能通常比常规（结构化）网格更好。

该程序允许全自动生成有限元网格，但其中一些参数要由用户设置。网格生成器所需要的输入数据是由点、线和类组组成的几何模型，其中类组（由线包围的面积）是由用户在建立几何模型的过程中自动生成的，如 5.3 节所述。

点击选择主菜单中的网格生成选项，也可以从子菜单中选择网格按钮，开始生成网格；网格加密可以从子菜单中选择。本研究所建模型的有限元网格划分如图 5-5 所示。

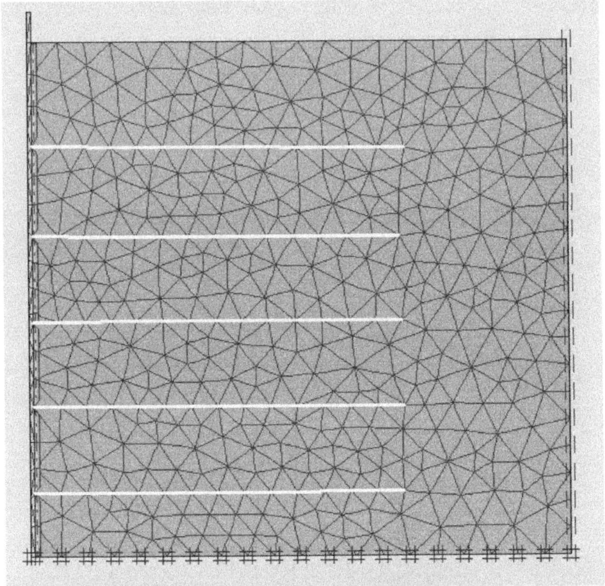

图 5-5　模型有限元网格划分

网格生成之后，将启动输出程序并显示网格图。虽然理论上讲界面单元的厚度为零，但生成的网格中，界面都是用一定粗细的线条绘制的，以显示土体单元与界面之间的联系。

连接类型	面板厚度（mm）		土体比重	加筋条长度（mm）		加筋条厚度（mm）	
	30g	40g		30g	40g	30g	40g
AF-1	固定型	60	80	2.65	5400	7200	0.108	0.144
AF-2		120	160	2.65	5400	7200	0.108	0.144
AF-3		180	240	2.65	5400	7200	0.108	0.144
AM-1	移动型	60	80	2.65	5400	7200	0.108	0.144
AM-2		120	160	2.65	5400	7200	0.108	0.144
AM-3		180	240	2.65	5400	7200	0.108	0.144

注: 有限元分析模型高度: 7200mm（30g）, 9600mm（40g）。

5.5.4 程序计算分析

模型创建完成后，即可进行有限元计算。为此，需要确定计算类型以及在计算过程中需要激活的荷载类型或施工阶段。这些操作需在程序中进行。

该程序进行几种不同类型的有限元计算，本研究采用分阶段施工和 Phi-c 折减（安全分析）计算，用于模拟与各预期加速度值相对应的加筋土挡墙施工过程，并计算结构破坏时的安全系数。

5.5.5 结果输出

当计算过程结束后，应选择输出程序，显示有限元分析结果，包括节点位移和应力点处的应力。此外，当有限元模型涉及结构单元时，输出程序显示结构所受的力。

5.5.6 有限元分析流程图（见图5-6）

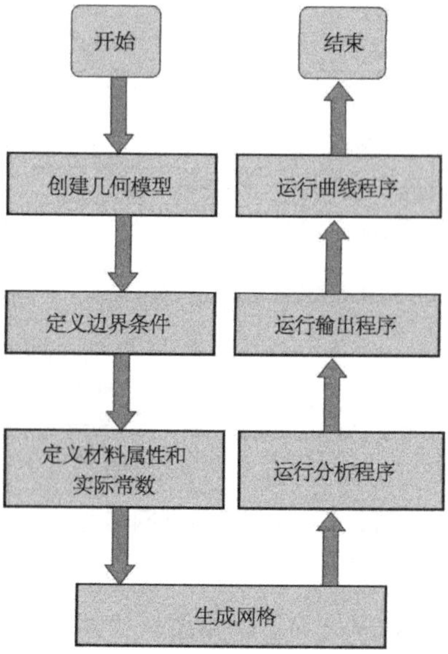

图5-6 加筋土挡墙有限元分析流程图

5.6 数值模拟结果分析、与试验结果比较

本研究的主要目的是通过模拟预先设置的条件，进行层层加载，直至模型达到预定高度或达到模型墙破坏，以探究面板抗弯刚度变化或加筋连接类型改变对加筋土挡墙结构的变形和力学行为的影响。

5.6.1 加筋土挡墙沉降

通过执行 PLAXIS 程序，获得了与试验模型尺寸和条件相对应的有限元模型的计算结果。对于缩尺模型的离心试验结果，已经在第 4 章进行了细致的讨论；本章将讨论根据有限元分析计算得到的各项变形和力学指标，并与缩尺模型试验对应指标进行比较，以确认试验结果的准确性。

根据离心试验模型和原型之间的各种相似关系原理，本节中使用的离心模型试验结果换算为在加速度值为 $30g$、$40g$ 时所对应原型的相应结果。结果如表 5-3、表 5-4 所示，并以图 5-7 表示。

1.固定型连接有限元分析结果

有限元分析结果与试验结果的比较（加筋土表面沉降）　　　　表 5-3

（对应于加速度值 $30g$、$40g$ 试验模型）

模型名称	位移计的位置	试验结果（cm）		分析结果（cm）	
		$30g$	$40g$	$30g$	$40g$
F-1 与 AF-1	0.1H	4.32	10.60	2.37	5.31
	0.44H	5.31	10.88	2.85	5.68
	0.90H	2.67	5.40	3.92	5.29
F-2 与 AF-2	0.1H	3.66	9.28	2.47	5.47
	0.44H	4.59	9.60	2.52	4.88
	0.90H	2.13	4.80	2.71	4.58
F-3 与 AF-3	0.1H	3.24	8.20	2.81	5.49
	0.44H	4.20	8.48	2.44	4.57
	0.90H	2.07	4.44	2.67	4.28

由表 5-3 中的有限元分析结果可以发现，面板抗弯刚度对固定型连接模型的加筋土表面沉降有显著影响。为了便于评估面板抗弯刚度对加筋土挡墙数值模型墙后填土沉降的影响，我们分别将 AF-1 和 AF-2 作为基准，然后计算出 AF-1 与 AF-2、AF-3 以及 AF-2 与 AF-3 的相对沉降差比值，计算结果见表 5-4。加筋土表面沉降分布见图 5-7。

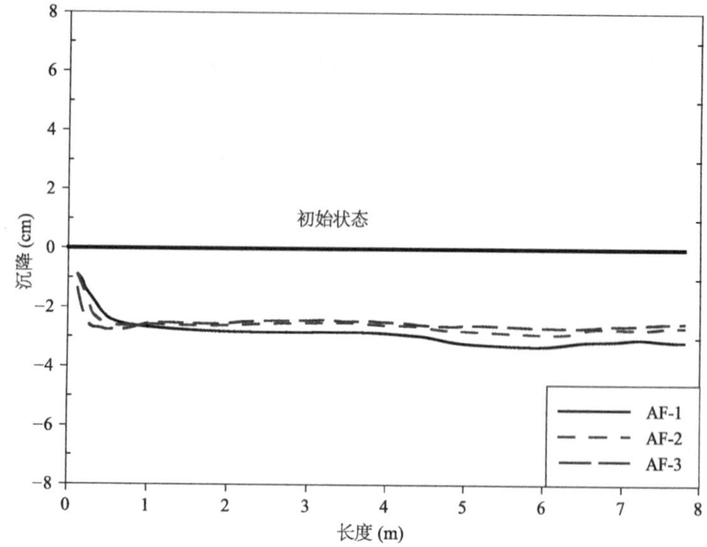

图 5-7 随着面板抗弯刚度增加，加筋土表面沉降分布

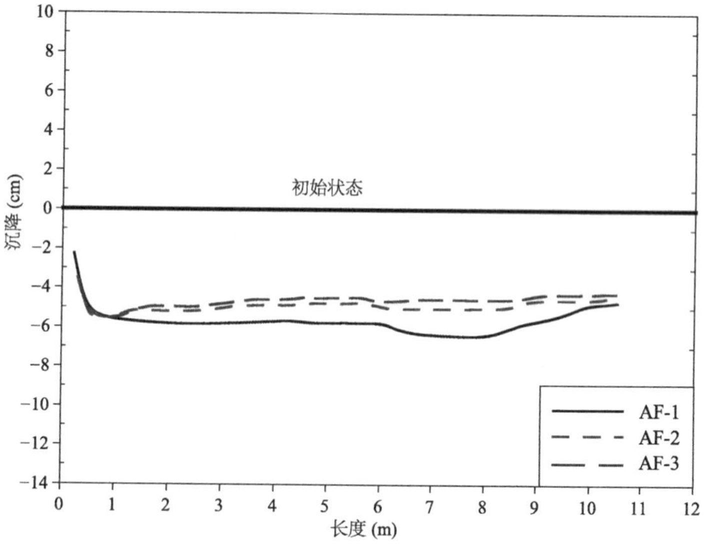

（固定型连接）

（a）30g 水平；（b）40g 水平

沉降增减比（固定型）   表 5-4

位置 比率	0.1H		0.44H		0.90H	
	30g	40g	30g	40g	30g	40g
R_{AFF21}（%）	+4.2	+3.0	−11.6	−14.1	−30.9	−13.1
R_{AFF31}（%）	+18.6	+3.4	−14.4	−19.5	−31.9	−19.0
R_{AFF32}（%）	13.8	+0.4	−3.2	−6.4	−1.5	−6.55

注：$R_{AFFij} = \dfrac{S_{AF-i} - S_{AF-j}}{S_{AF-j}} \times 100\%$，$i=2$，$3$；$j=1$，$2$。"+"表示增加，"−"表示减少。

根据上述有限元分析结果：对于固定型连接模型的情况，除挡土面板附近区域外，面板抗弯刚度对墙体沉降有显著影响，与第 4 章讨论的离心模型试验结果几乎相同。即对固定型连接所有有限元模型，随着抗弯刚度的增大，除临近挡土面板区域外，加筋土表面沉降量减小。但在 0.1H 处，数值解析结果与第 4 章的试验结果相反。究其原因，可能是由于有限元分析模型和离心试验模型在加载模式和边界条件上存在一定差异。在维持离心试验机旋转的过程中，由于制造误差和模型制备安装误差，可能不可避免地发生振动，致使振动荷载作用在试验模型上或试验模型中，会显著影响模型的薄弱区域（如本研究中填料与面板之间的界面）的性能以及加筋土挡墙系统的位移。以上结果还表明，随着离心机速度的增加，即墙高的增加，面板抗弯刚度的增加对加筋地基沉降的影响在 0.44H 处呈增大趋势，而在 0.90H 处呈下降趋势。

图 5-8 所示为离心试验模型和有限元分析模型的沉降分布及数值大小的比较。虽然曲线变形趋势几乎相同，但试验结果和有限元分析结果之间沉降量显示出较大的差异，这可能是由于：

边界差异：对于 PLAXIS 解析方法，采用平面应变模型，假定结构模型横截面均匀、且垂

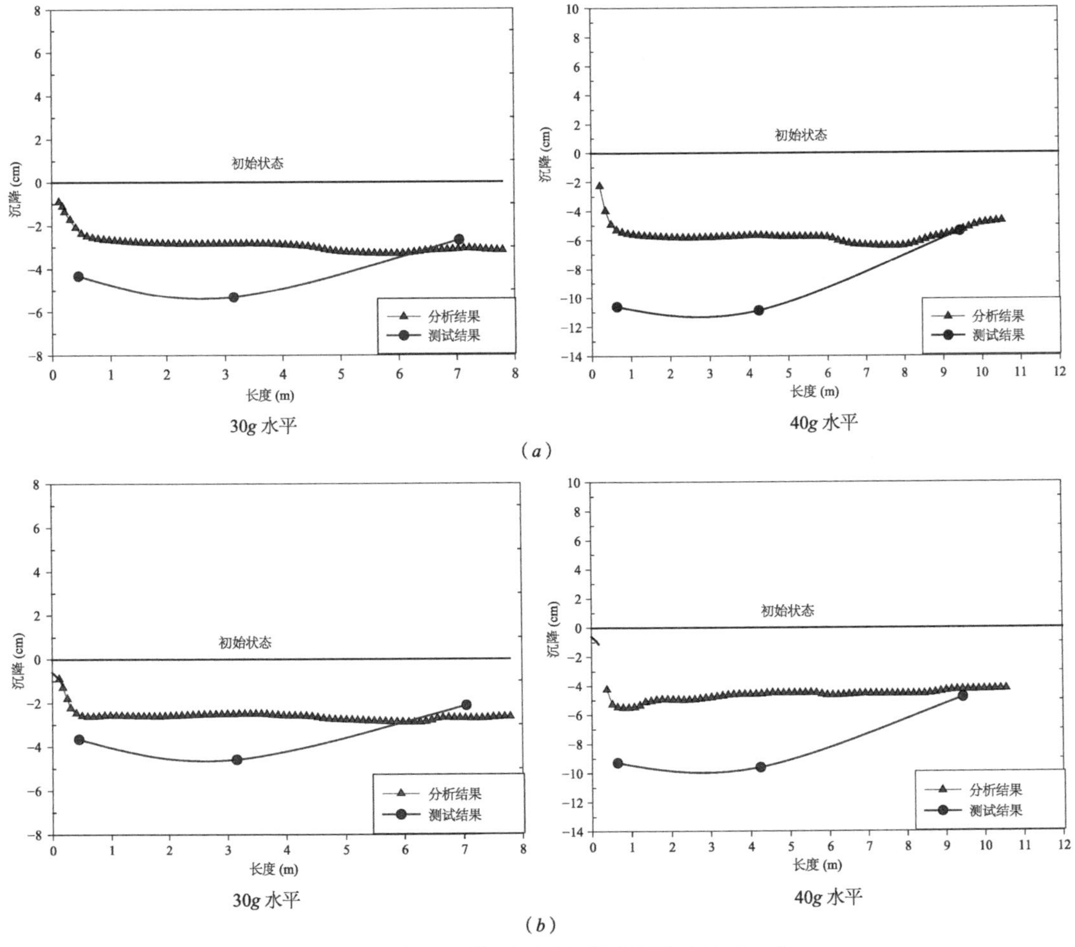

（a）

（b）

图 5-8　有限元模型和试验模型沉降比较（一）

（固定型连接）

（a）AF-1/F-1；（b）AF-2/F-2

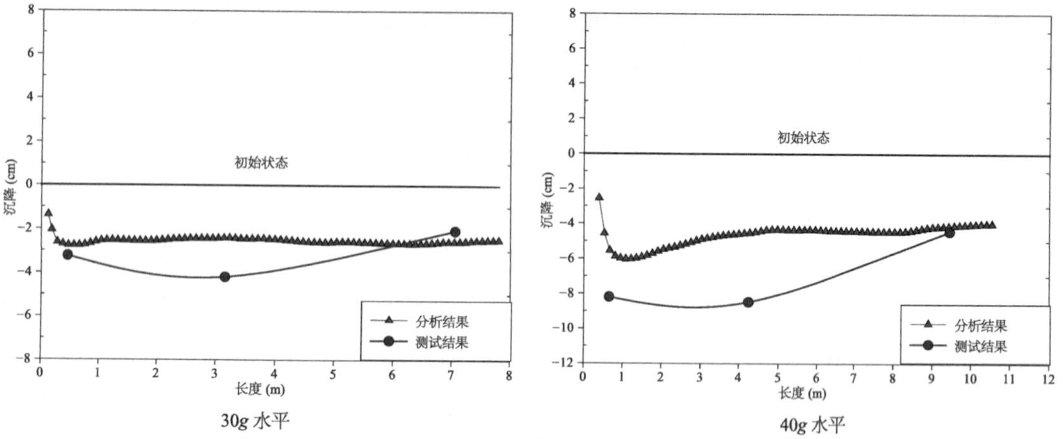

图 5-8　有限元模型和试验模型沉降比较（二）

（固定型连接）

（c）AF-3/F-3

直于横截面方向无限长、采用柔性边界；但试验模型的长度为 165mm，与模型槽刚性壁面接触，即刚性边界。此外，由于试验条件和 FEM 程序设置的限制，面板与加筋、面板与土体之间的接触边界也有所不同。

压实度差异：离心试验模型制备过程中，在较难进行压实操作的靠近面板部位，也进行了一些填充和夯实等特殊处理，但仍然发现试验模型中该处的压实度与其他部位存在差异；再者，模型制备自下而上采用手工分层压实操作，也可能导致各层土之间的压实度不同；但在有限元模型中，各土层、各部位的压实度都是相同的。

将模型试验值和有限元计算分析值对比发现，有限元分析所有参数值均低于试验值，且随着加筋土挡墙高度的增加，二者的差值在逐渐变大，似乎表明：本研究使用的数值解析方法得到的结果低于试验值。

2. 移动型连接有限元分析模型

表 5-5 中的加筋土沉降数据分别来自离心模型试验和模型的有限元分析结果。通过对表 5-5 中的结果分析发现：面板抗弯刚度对移动型连接模型墙后加筋土沉降也有显著影响（图 5-9）。为了便于评价抗弯刚度对墙后加筋土沉降的影响，分别计算 AM-1 与 AM-2、AM-3 以及 AM-2 与 AM-3 的沉降差比值，如表 5-6 中所示。

分析结果与试验结果比较（加筋土表面沉降）　　　　表 5-5

（移动型，对应于加速度值 30g、40g 试验模型）

原型模型	位移计位置	测试结果（cm）		分析结果（cm）	
		30g	40g	30g	40g
M-1/AM-1	0.1H	7.77	15.28	3.45	7.94
	0.44H	6.87	13.96	3.12	6.37
	0.90H	3.87	7.76	3.66	5.96

原型模型	位移计位置	测试结果（cm）		分析结果（cm）	
		30g	40g	30g	40g
M-2/AM-2	0.1H	5.40	11.88	3.31	7.03
	0.44H	4.89	11.52	2.74	5.35
	0.90H	3.09	6.04	3.03	4.72
M-3/AM-3	0.1H	4.44	10.40	2.31	5.55
	0.44H	4.65	9.76	2.37	4.55
	0.90H	3.00	5.56	2.44	4.16

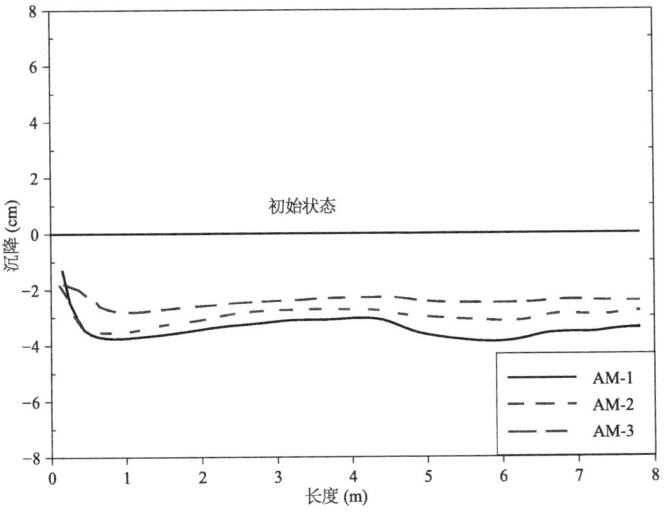

（a）

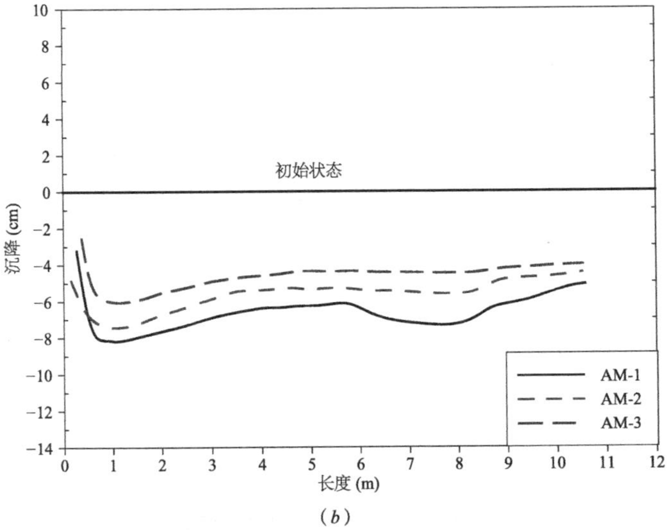

（b）

图 5-9　随着抗弯刚度增加，加筋土表面沉降分布

（移动型连接）

（a）30g 水平；（b）40g 水平

上述结果表明，在 0.1H、0.44H、0.90H 处的数值计算沉降结果与第 4 章所讨论的增减趋势基本一致。尽管边界设置影响引起的差异仍然存在，但根据数值计算结果，随着面板抗弯刚度的增加，加筋体的表面整体沉降有所减小。在不同厚度（抗弯刚度）条件下，采用移动型连接的加筋土挡墙有限元分析模型所得到的墙后整体沉降特性曲线如图 5-9 所示。

沉降增减比

表 5-6

（移动型，对应于加速度值 30g、40g 试验模型）

位置 比值	0.1H		0.44H		0.90H	
	30g	40g	30g	40g	30g	40g
R_{AMM21}（%）	−4.0	−11.5	−12.2	−16.0	−17.2	−20.8
R_{AMM31}（%）	−33.0	−30.1	−24.0	−28.6	−33.3	−30.2
R_{AMM32}（%）	−30.2	−21.0	−13.5	−15.0	−19.5	−11.9

注：$R_{AMMij} = \dfrac{S_{AM-i} - S_{AM-j}}{S_{AM-j}} \times 100\%$，$i=2$，3；$j=1$，2。"+"表示增加，"−"表示减少。

图 5-10（a）、（b）、（c）分别表示模型试验结果和模型有限元分析结果的沉降特性分布曲线比较。对比试验结果和分析结果沉降曲线，尽管两曲线形态几乎相同，但沉降量大小存在较大的差异，特别是在 M-1 和 AM-1 的对比上。造成两者差值的原因在第 5.6.1 节第 1 款已经进行了讨论。

基于上述结果我们发现，对于移动型连接模型，数值解析结果和试验结果之间的差异随着相应加速度值（即加筋土挡墙墙高）的增加而增加，并且试验值大于有限元分析值，本研究中，似乎采用数值解析法得到的结果低于预测值。

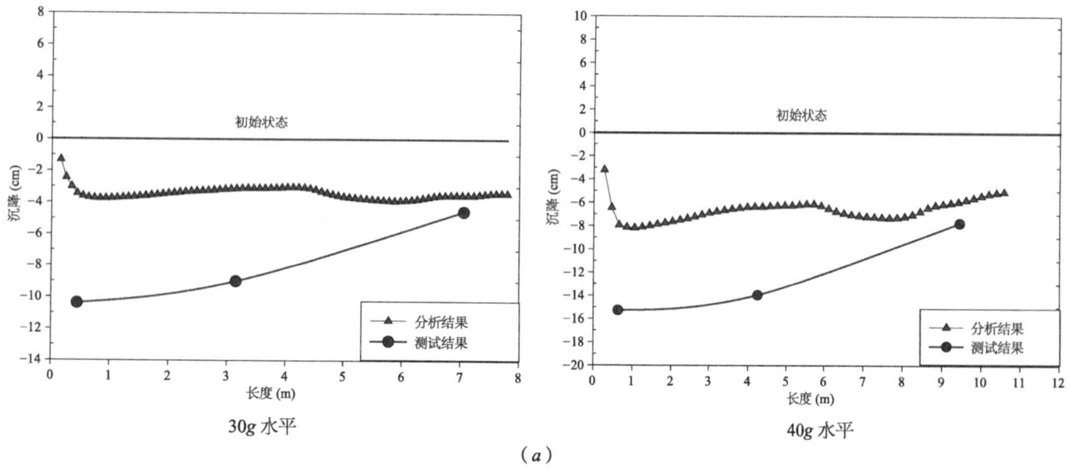

（a）

图 5-10　有限元模型和试验模型沉降比较（一）

（移动型连接）

（a）AM-1/M-1

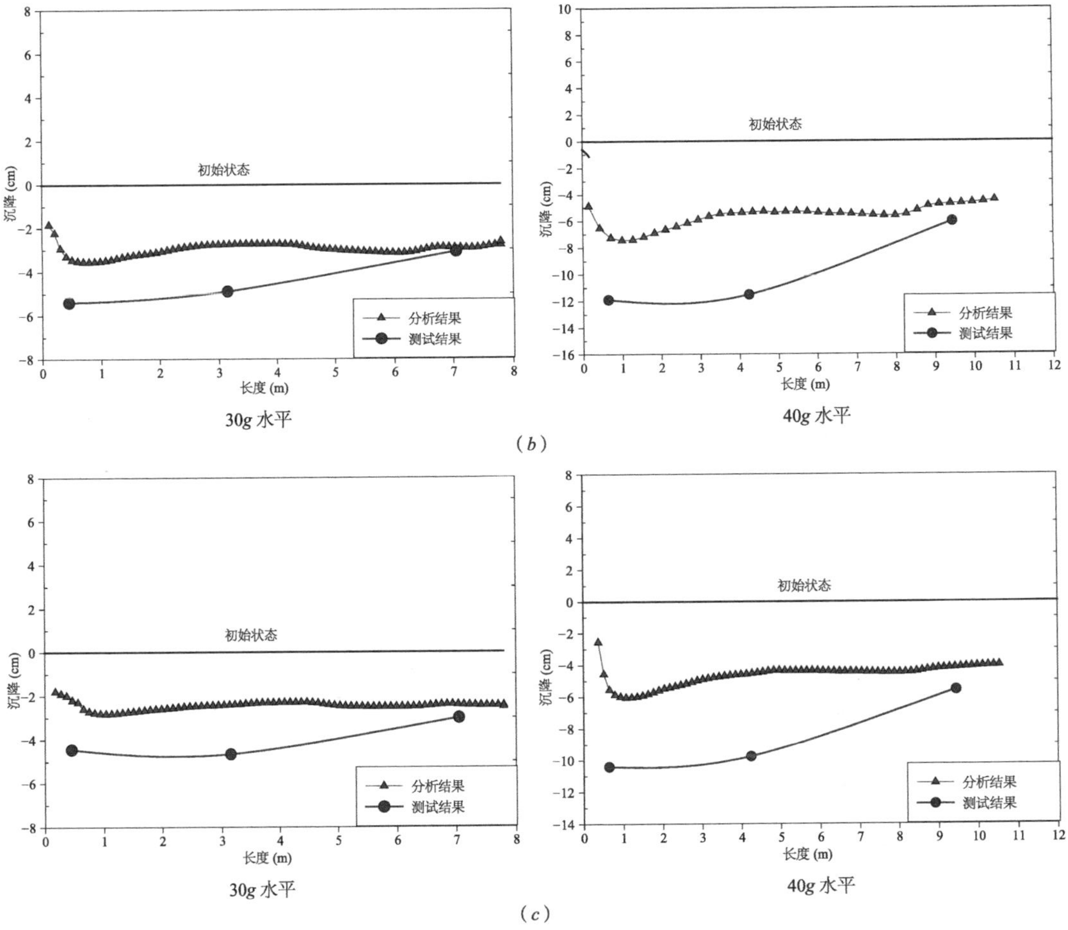

图 5-10　有限元模型和试验模型沉降比较（二）

（移动型连接）

（b）AM-2/M-2；（c）AM-3/M-3

5.6.2　面板侧向位移

为了便于对比分析试验结果与有限元分析结果，根据离心试验模型和原型之间的各种相似关系原理，将加速度值为 30g 和 40g 时的试验数据转换为其原型数据，相应的侧向位移结果如表 5-7 所示。

1. 固定型连接模型有限元分析

有限元分析结果与试验结果比较（面板侧向位移）　　　　　　　　　　表 5-7

（固定型，对应于加速度值 30g、40g 试验模型）

原型模型	位移计位置	试验结果（cm）		有限元分析结果（cm）	
		30g	40g	30g	40g
F-1/AF-1	0.1H	0.27	0.72	0.08	0.82
	0.49H	1.83	4.08	1.80	4.24

原型模型	位移计位置	试验结果（cm）		有限元分析结果（cm）	
		30g	40g	30g	40g
F-1/AF-1	0.97H	1.17	2.96	1.79	4.45
F-2/AF-2	0.1H	0.24	0.68	0.14	0.19
	0.49H	1.53	3.88	1.19	2.50
	0.97H	0.99	3.96	1.72	4.07
F-3/AF-3	0.1H	0.18	0.64	0.08	0.15
	0.49H	1.47	3.60	0.86	1.72
	0.97H	1.77	4.96	1.67	3.66

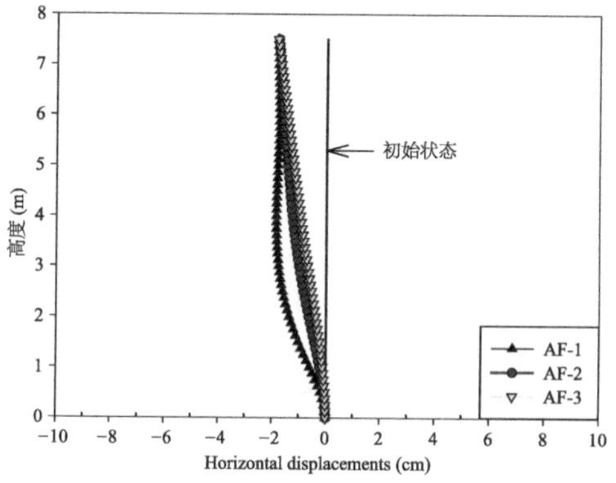

图 5-11　随抗弯刚度增加，面板侧向位移分布

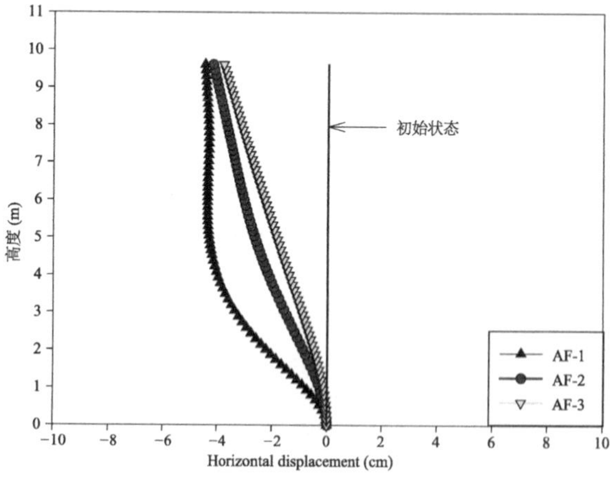

（固定型连接）

（a）30g 水平；　（b）40g 水平

由于离心模型试验结果已在第 4 章进行了讨论，这里仅讨论有限元分析结果。

对比 AF-1 ~ AF-3 的有限元分析结果（表 5-7、图 5-11）发现：对于固定型连接加筋土挡墙，面板抗弯刚度的变化对挡土面板的侧向位移也有显著影响。根据数值解析得到的结果，分别计算出 AF-2、AF-3 相对于 AF-1 的位移增量的比值，AF-3 相对于 AF-2 位移增量的比值，计算结果见表 5-8。

需要注意的是，在面板高度 0.3H ~ 1.0H 范围内，最大侧向位移位置因模型面板刚度的不同而不同，与 Matsuo 等（1998）的观测结果相吻合。Matsuo 等（1998）发现分离式刚性块式面板加筋土挡墙的最大位移发生在 0.3H ~ 0.5H 之间，而整体式刚性面板加筋土挡墙的最大位移发生在最高点 1.0H 处。基于上述原因，设计离心模型试验时，将 2 号位移计安装在距离模型底部 0.49H 处。

由 AF-1、AF-2、AF-3 三类模型建模时，使用的高度尺寸为 7.2m（或 9.6m），相当于加速度值为 30g（或 40g）时，换算的原型高度。由解析结果可以看到，对于固定型连接的分析模型，挡土面板抗弯刚度对其侧向位移有显著影响。在上述三类模型中，模型 AF-1 的抗弯刚度最小，类似于分离式刚性块式面板，故侧向位移最大值发生在 0.49H 处，并且为三类模型在该位置变形值的最大值（见表 5-8），而其余模型的最大侧向位移发生在墙体最高处。这是，由于模型中逐渐增大的土的侧向压力，将使得抗弯刚度最小的面板本身产生最大的弯曲位移，使得最大侧向位移发生在 0.49H 处；而其余模型面板刚度较大，面板本身产生的侧向位移较小，其最大位移主要是由于面板本身绕底脚的转动，发生在面板顶端。该结果与第 4 章所讨论的试验结果具有相同的变形特性。

面板侧向位移（增、减）比　　　　　　表 5-8

（固定型，对应于加速度值 30g、40g 试验模型）

比值	位置	0.1H		0.49H		0.97H	
		30g	40g	30g	40g	30g	40g
R_{AFF21}（%）		80.0	−76.8	−33.9	−41.0	−3.9	−8.5
R_{AFF31}（%）		0.0	−81.7	−52.2	−59.4	−6.7	−17.8
R_{AFF32}（%）		−44.4	−21.0	−27.7	−31.2	−2.9	−10.1

注：$R_{AFFij} = \dfrac{L_{AF-i} - L_{AF-j}}{L_{AF-j}} \times 100\%$，$i=2$，$3$；$j=1$，$2$。"+"表示增加，"−"表示减少。

　　根据表 5-8 的面板侧向位移（增、减）比数据，我们可以看到：随着挡土面板抗弯刚度的增大，除 30g 时的 0.1H（H 为面板高度）位置外，其余位置面板的侧向位移减小，即挡土面板抗弯刚度增加，面板侧向位移减小。这与第 4 章所讨论的试验模型略有不同，但加速度值为 40g 时，侧向位移（增、减）比有下降的趋势。这可能是由于第 4 章试验模型与有限元分析模型的边界条件不同造成的。

　　图 5-12 所示为数字解析结果曲线和试验模型沿面板的侧向位移分布曲线对比。虽然两种

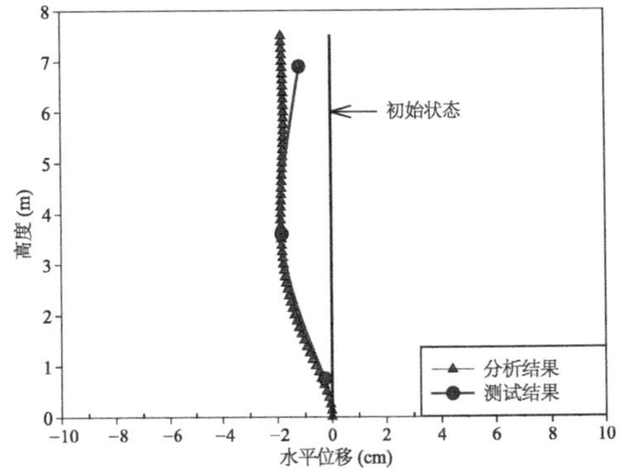

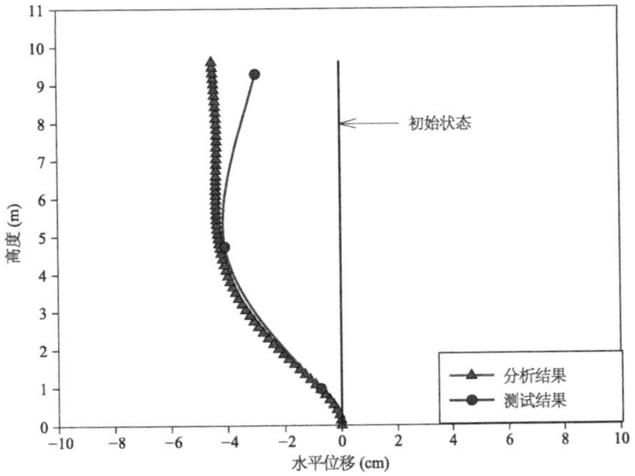

图 5-12　有限元模型和试验模型侧向位移比较（一）

（固定型连接）

（a）AF-1/F-1

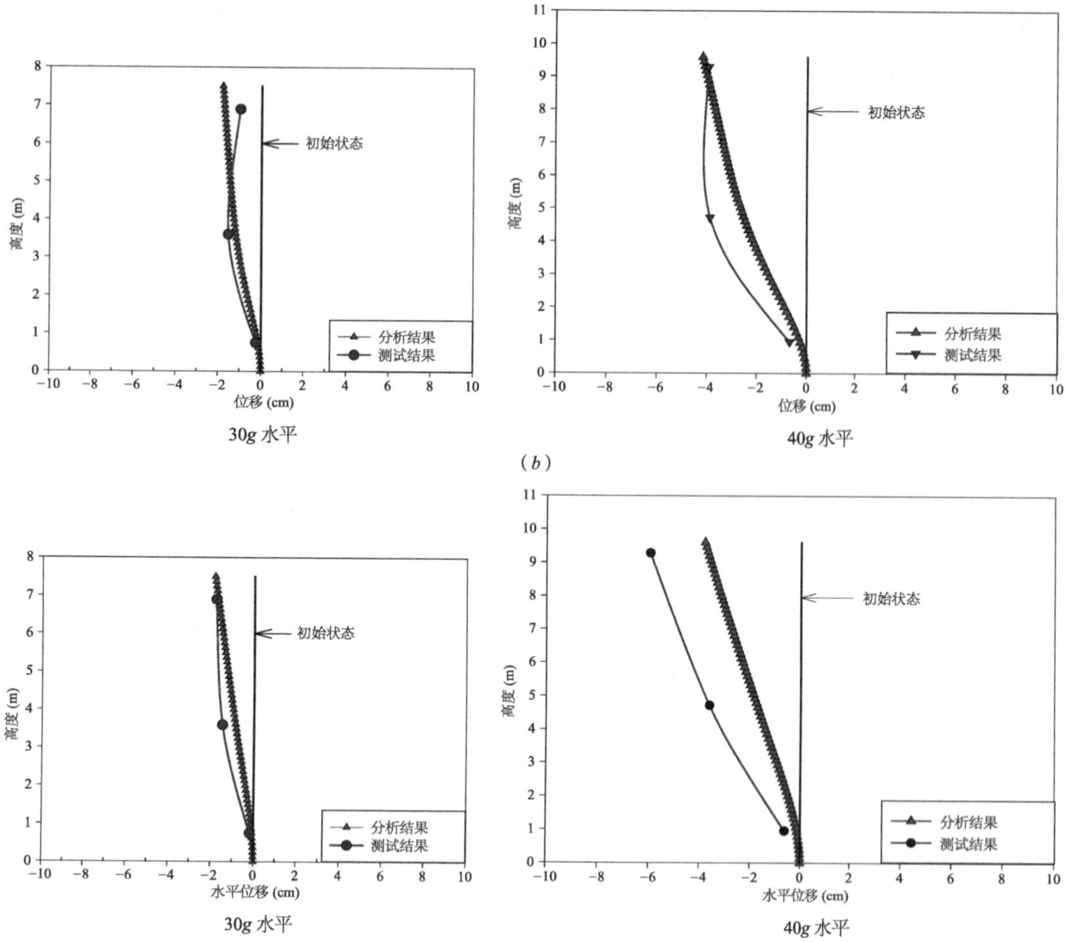

30g 水平　　　　　　　　　40g 水平

　　　　　　　　　　（b）

30g 水平　　　　　　　　　40g 水平

　　　　　　　　　　（c）

图 5-12　有限元模型和试验模型侧向位移比较（二）

（固定型连接）

（b）AF-2/ F-2；（c）AF-3/F-3

曲线在某种程度上存在一些差异，但仍能显示出它们之间的良好一致性。这些差异可能是由以下原因引起的：①试验模型和有限元分析模型中，连接类型设置稍有不同；②试验模型和有限元分析模型之间边界条件设置不同，如上文所述。

根据本节中的各图和数据（表 5-7、表 5-8），很容易发现面板侧向位移的最大值分别出现在模型 AF-1 的 $0.50H$、模型 AF-2 的 $1.00H$ 和模型 AF-3 的 $1.00H$ 处。这些发现与 Matsuo 等（1998）的观察结果一致；并且，随着加速度值的增大（即随着挡土墙高度的增高）面板抗弯刚度值的变化对挡土结构侧向位移的影响增大。

通过观察数值解析结果的挡土面板变形曲线，我们发现模型 AF-1 和 F-2 的曲线由两段组成：一段为从面板底端到 $0.49H$ 的曲线，另一段为从 $0.49H$ 到面板最上端的直线，也就是说，模型 AF-1 和 F-2 的变形分为两部分，其本身的弯曲变形和绕面板底脚的旋转变形；而对模型 F-3，由侧向土压力引起的面板变形仅仅是面板绕其底端的旋转，其本身则几乎保持了原来的直线形状。

这是由于面板厚度较小时，面板抗弯刚度较小，本身弯曲变形较大，而随着厚度增加，其抗弯刚度也随之增加，面板本身的弯曲变形变小。因此，在使用有限元分析模拟的挡土墙"施工"过程中，面板虽然受到较大的侧向土压力作用，但对于刚度较大的面板仍然能保持其原直线形状。

2. 移动型连接有限元分析模型

由于试验结果的各种变形趋势已在第 4 章中讨论过，因此本文仅讨论有限元分析结果。

比较模型 AM-1、AM-2、AM-3 的有限元分析结果（表 5-9、图 5-13），我们发现挡土面板抗弯刚度的大小对移动型连接加筋土挡墙系统侧向位移也有显著影响。分别以模型 AM-1、AM-2 作为计算基准，计算 AM-2、AM-3 相对于 AM-1，AM-3 相对于 AM-2 的位移增长比率，计算结果见表 5-10。

对比移动型连接数值解析结果，我们清楚地看到，在所有数值模拟类型和每个挡墙高度范围内，面板侧向位移随面板抗弯刚度（厚度）的增加而减小。Matsuo 等（1998）发现：分离式刚性块式面板加筋土挡墙的最大位移发生在 $0.3 \sim 0.5H$ 之间，而整体式刚性面板加筋土挡墙的最大位移发生在最高点 $1.0H$ 处。因此，将重点讨论 $0.49H$ 和 $0.97H$ 处的变形影响情况。

分析结果与试验结果的侧向位移（增、减）比较 表 5-9

（移动型，对应于加速度值 30g、40g 试验模型）

原型模型	位移计位置	试验结果（cm）		有限元分析结果（cm）	
		30g	40g	30g	40g
M-1/AM-1	0.1H	0.87	2.48	0.48	1.01
	0.49H	3.45	6.64	2.46	5.43
	0.97H	2.97	6.68	3.23	7.56
M-2/AM-2	0.1H	1.08	1.92	0.16	0.30
	0.49H	2.37	5.52	1.53	3.13
	0.97H	1.92	8.40	2.67	6.07
M-3/AM-3	0.1H	0.90	1.48	0.86	0.15
	0.49H	3.69	5.04	1.75	2.01
	0.97H	3.69	8.80	1.76	4.43

面板侧向位移（增、减）比 表 5-10

（移动型连接，对应于加速度值 30g、40g 试验模型）

位置 比值	0.1H		0.49H		0.97H	
	30g	40g	30g	40g	30g	40g
R_{AMM21}（%）	−66.0	−70.3	−37.8	−42.3	−17.8	−19.7
R_{AMM31}（%）	−80.0	−85.1	−65.1	−63.0	−46.2	−41.4
R_{AMM32}（%）	−41.1	−50.0	−43.9	−35.8	−34.4	−27.1

注：$R_{AMMij} = \dfrac{L_{AM\text{-}i} - L_{AM\text{-}j}}{L_{AM\text{-}j}} \times 100\%$，$i=2, 3$；$j=1, 2$。"+"表示增加，"−"表示减少。

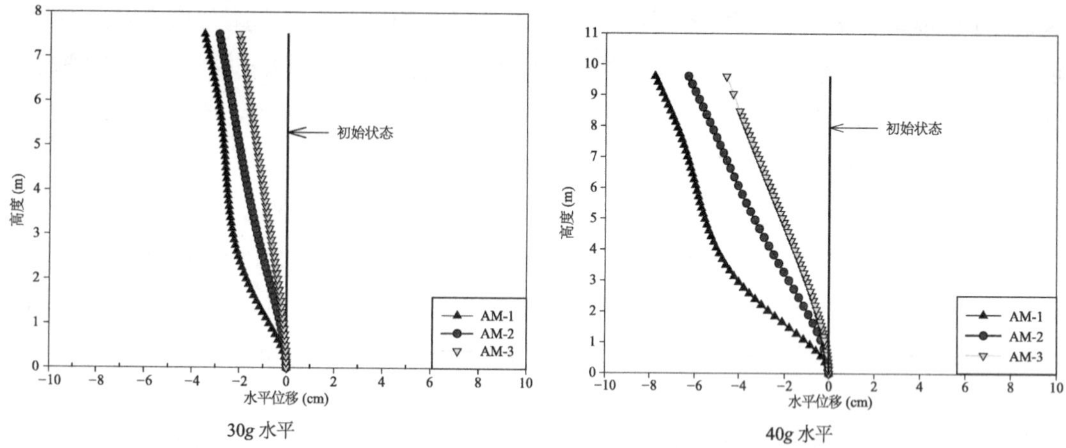

图 5-13　随抗弯刚度增加，面板侧向位移分布
（移动型连接）

相对于移动型连接的其他模型，AM-1 面板厚度（抗弯刚度）最小，数值解析结果发现其侧向位移最大，这可以通过第 5.6.2 节第 1 款中所叙述的相同原因来解释。这意味着挡土面板刚度对其侧向位移的影响，有限元分析结果和离心模型试验结果在移动型连接挡墙系统上具有相同的效果。

图 5-14 所示为移动型连接挡土系统面板数值解析结果和试验结果侧向位移分布的对比。

由图 5-14 可以看出，移动型连接挡土墙系统变形曲线试验结果和有限元分析结果之间存在一些差异，尤其是 M-3 与 AM-3 差别最大。这种差异可能是由于：①试验模型和数值模型之间的连接类型不同造成的。在模型试验中，采用滑动铰链来模拟移动型连接，但所选用的计算程序中没有完全合适的连接类型来模拟移动型连接。②如前文所述的不同边界条件。但在移动型连接情况下，两种模型的面板与基础的不同连接方式可能对侧向位移产生较大影响。

由图 5-14 和表 5-10 的数据可以明显看出，在所有情况下，有限元分析模型最大位移均发生在 $1.00H$ 处，这与 Matsuo 等（1998）的观测结果一致。

通过观察有限元分析的面板变形模式（见图 5-14）发现，对于模型 AF-1，面板变形曲线由两部分组成：一段为自挡土面板底端到 $0.49H$ 的曲线，另一端为自 $0.49H$ 到挡土面板最顶部的直线，也就是说，其侧向位移由两部分组成，面板本身的弯曲变形和面板绕底脚的旋转。对于其他两种模型情况，由侧向土压力引起的面板的变形只是面板围绕其底脚的旋转，其本身保持其原始形状。

通过对以上有限元分析结果和试验结果的比较、讨论可以看出：随着挡土面板抗弯刚度的增大，挡土面板侧向位移最大值随之减小，峰值位置沿面板向上移动，直至最后达到墙体的顶部。也就是说，移动型连接挡土墙模型的面板的抗弯刚度不仅对面板的侧向最大位移量有显著影响，而且对面板的侧向位移发生的位置也有显著影响。

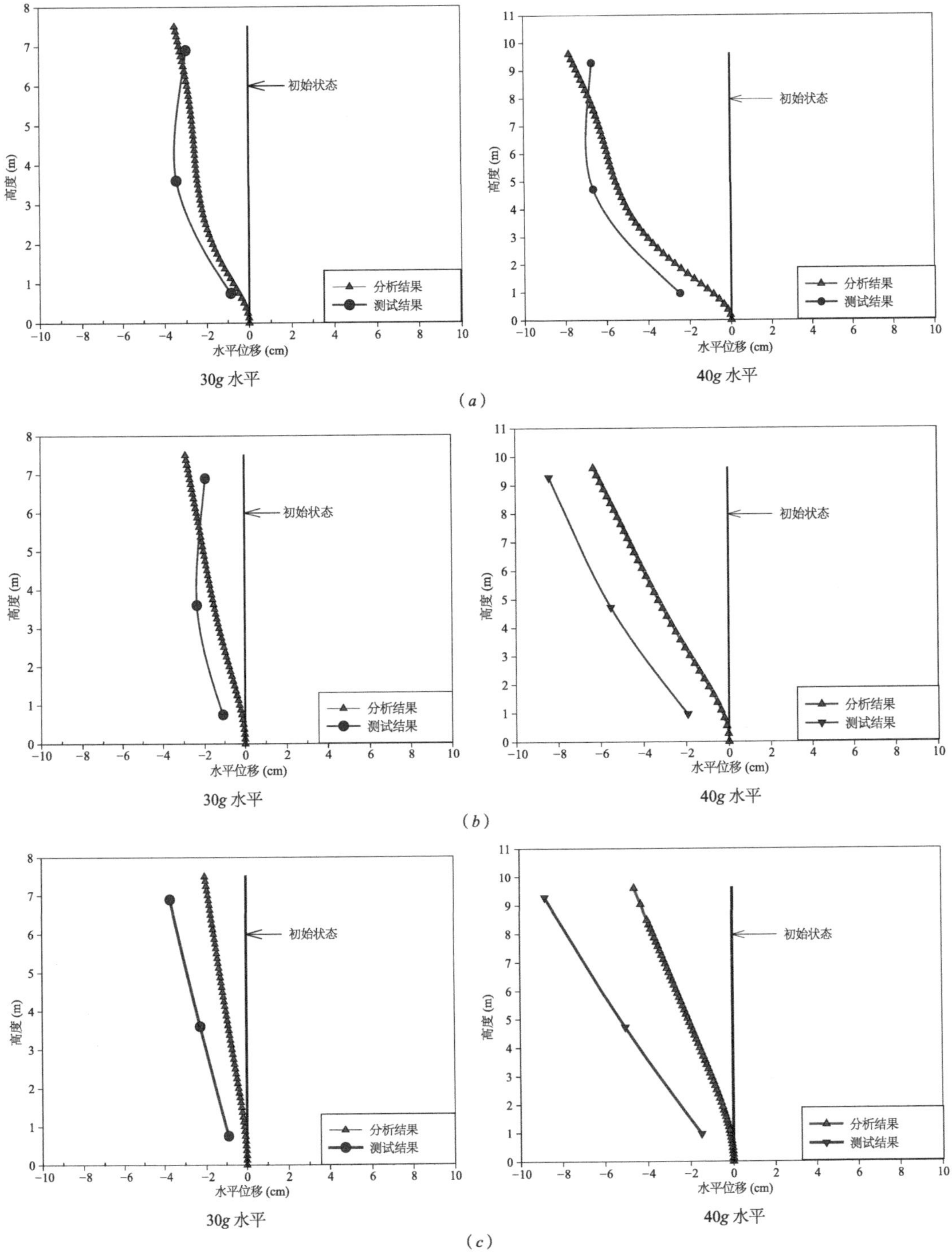

图 5-14　有限元模型和试验模型侧向位移比较

（移动型连接）

（a）AM-1/M-1；（b）AM-2/M-2；（c）AM-3/M-3

5.6.3 连接方式的影响

5.6.3.1 对位移的影响

表 5-11 汇总了移动型连接与固定型连接情况数值解析结果的位移（增、减）比。

由表 5-11 的结果可以观察到：加筋连接方式对侧向位移和垂直位移都有较大的影响，在抗弯刚度增加的情况下，对于位移（增、减）比的大小和变化趋势，数值解析结果和第 4 章讨论的试验结果有一些不同。

随着连接方式由固定型改为移动型，侧向位移明显增大。基于上文所述原因，必须注意面板较薄、抗弯刚度较小的 0.49H 高度处的位移比值。随着连接方式的改变，除抗弯刚度（面板厚度）最大的情况外，墙后加筋土的沉降也有所增加，但沉降比对刚度变化的影响不敏感。

连接方式的改变对横向位移和垂直位移（加筋土表面沉降）的影响，在 AM-1 和 AF-1 模型上最大，这些模型模拟了最小的面板抗弯刚度（面板最薄），而在 AM-3 和 AF-3 模型上影响最小，这些模型模拟了最大的面板抗弯刚度（面板最厚），也就是说，连接类型对模型变形的影响随着挡土面板厚度的增加而减小。

位移（增、减）比 表 5-11

30g 水平	侧向位移（增、减）比（%）			垂直位移（增、减）比（%）		
位置	0.1H	0.49H	0.97H	0.1H	0.44H	0.90H
2mm 面板	+500.0	+36.7	+81.6	+45.6	+9.5	−6.6
4mm 面板	+13.1	+28.8	+55.2	+34.0	+8.7	+11.8
6mm 面板	+20.0	+0.0	+4.8	−17.8	−2.9	−8.6
40g 水平	侧向位移（增、减）比（%）			垂直位移（增、减）比（%）		
位置	0.1H	0.49H	0.97H	0.1H	0.44H	0.90H
2mm 面板	+23.2	+28.1	+69.9	+49.5	+12.1	+12.7
4mm 面板	+57.9	+25.2	+49.1	+28.5	+9.63	+3.0
6mm 面板	+0.0	+16.9	+21.0	+1.1	−0.4	−2.8

（移动型连接）

注：$R_{AMFii} = \dfrac{L_{AM-i} - L_{AF-i}}{L_{AF-i}} \times 100\%$，$i = 1, 2, 3$；"+"表示增加，"−"表示减少。

在工程实践中，由于使用移动型连接件而引起的位移增量是不可预料的，因此，应尝试新的施工方法或进行更深入的研究来克服这一缺点。

5.6.3.2 对加筋层拉力的影响

以下讨论基于试验模型加速度值在 30g、40g 所对应的原型尺寸，数值模型基于该尺寸创建。

1. 拉力大小

各加筋层拉力由有限元分析取得，在表 5-12 中列出，并分别绘制在图 5-15 中。

基于图 5-15（a）（加速度值 30g 模型），可以清楚地看到：自面板开始沿水平方向到 H/8 范围内，固定型连接加筋层内拉力值大于移动型连接的拉力值；在所有加筋层中，与面板相邻的区域发现两种连接方式的加筋拉力最大差值；在该区域之外，固定型连接的拉力值低于移动型连接，与在试验分析中观察到的相互关系则相反。这一结果表明，自面板开始沿水平方向到 H/8 范围之外的加筋，移动型连接要先于固定型连接被调动起来参与系统受力。

由图 5-15（b）（加速度值 40g 模型）可以清楚地看到，所有加筋层沿水平方向范围内，移动型连接加筋拉力值均低于固定型连接加筋拉力值，不同于加速度值为 30g 模型；二者的最大差值发生在面板附近。图 5-15（b）显示了移动型连接的试验结果和有限元分析结果拉力曲线形状上的一些不同。根据有限元解析结果，计算连接点处拉力差及其比值，如表 5-12 所示。根据计算结果可以发现，随着加速度值的增加（即墙高的增加），除第五层外，其余各层拉力比都略有增加。详细讨论将在下一节进行。

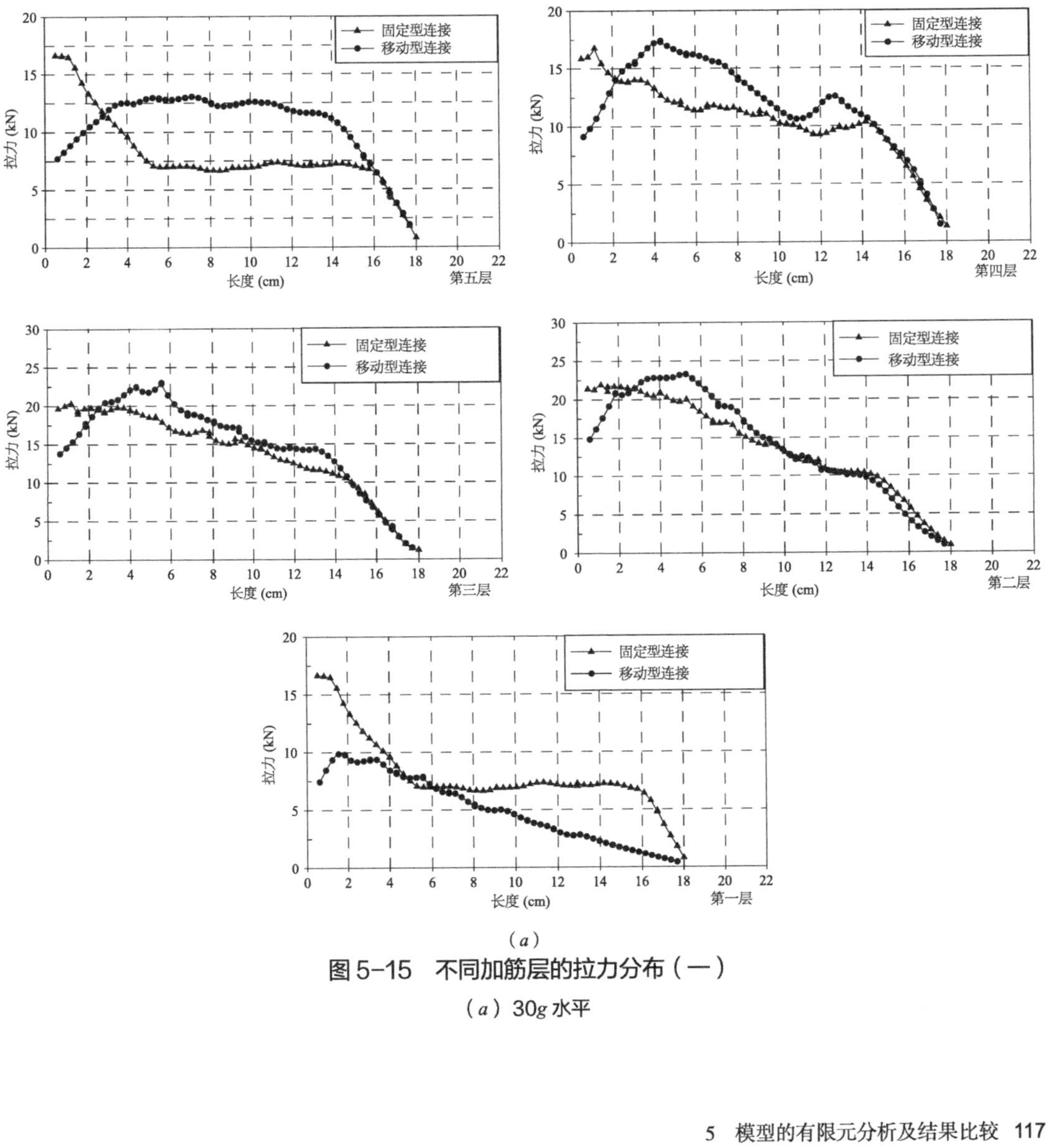

（a）

图 5-15 不同加筋层的拉力分布（一）

（a）30g 水平

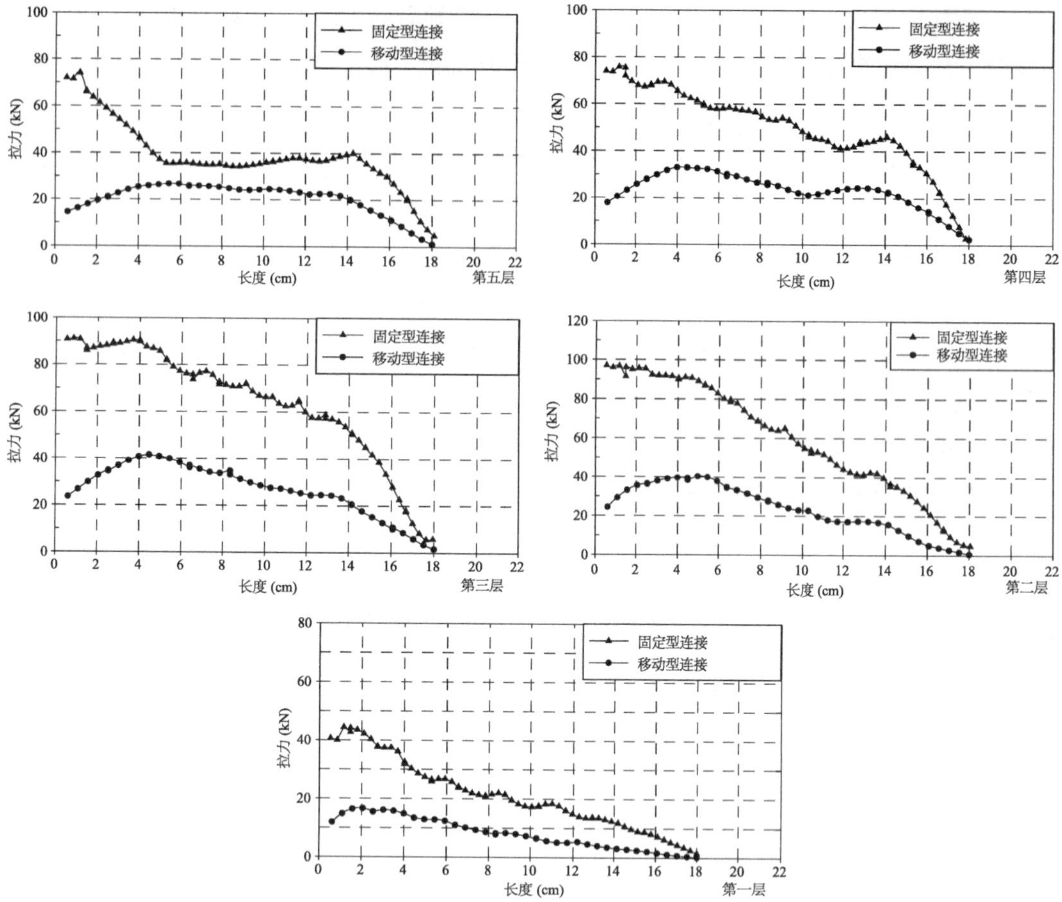

（b）

图 5-15　不同加筋层的拉力分布（二）

（b）40g 水平

连接点处不同的拉力值　　表 5-12

30g 水平	拉力（kN）				
加筋层	第五层	第四层	第三层	第二层	第一层
固定型	16.65	15.85	19.64	21.39	10.42
移动型	7.72	9.14	13.82	14.85	7.44
拉力差值	8.93	6.712	5.82	6.54	2.98
拉力比	2.16	1.73	1.42	1.44	1.40
40g 水平	拉力（kN）				
固定型	54.29	69.26	89.01	92.02	37.34
移动型	26.44	32.64	40.87	40.31	12.95
拉力差值	27.85	36.62	48.14	51.71	24.39
拉力比	2.05	2.12	2.18	2.28	2.88

注：

差值：$D_{AMFi} = F_{AF-i} - F_{AM-i}$

比值：$R_{AMFii} = \dfrac{F_{AF-i}}{F_{AM-i}}$，i=1，2，3，4，5

上述数据表明：加筋中的拉力随加筋层设置深度的增加而增加。对于移动型连接，发现每层加筋的拉力最大值都发生在与面板有一定距离的加筋土体；但对于固定型连接，拉伸力峰值点发生在与面板水平距离较近的连接件区域。由上述数据可以清楚地看到：将连接方式由固定型改变为移动型，可以显著降低加筋内轴向拉力的大小，特别是与面板连接部位的最大拉力值大小。这可能是由于加筋与面板间"滑动夹具"的设置，导致加筋能够随填料一起沉降，减小了加筋的轴向变形，因此，轴向拉力相应也降低。另一方面，固定型连接的最大拉力位置出现在加筋与面板连接处，原因前文已述。而且，随着加速度值的增加（如第 4 章所述）连接类型的改变对所有加筋层拉力值变化的影响越来越大。这可能是由于随着加速度值（墙体高度）的增加，挡墙系统的变形增大，使得加筋土体内两种连接形式的加筋出现更大的轴向变形差，从而导致加筋的轴向拉力差变大。

　　图 5-16 所示为不同加筋层中数值解析结果和试验结果之间的对比图形。图 5-16 表明，加筋内拉力的试验结果和数值解析结果之间拉力分布趋势具有显著的一致性，特别是加速度值为 40g 时，尽管二者在数值大小上还存在一些差别。由图 5-16 还可以发现，有限元分析的大多数数值大小都比试验值低。因此，使用本研究的有限元分析结果，可能会造成拉力预测值偏低，造成工程安全系数偏低。出现这些差异的原因可能是：①试验模型和有限元分析模型之间的连接类型设置略有不同；②如前文所述的边界条件略有不同造成的。

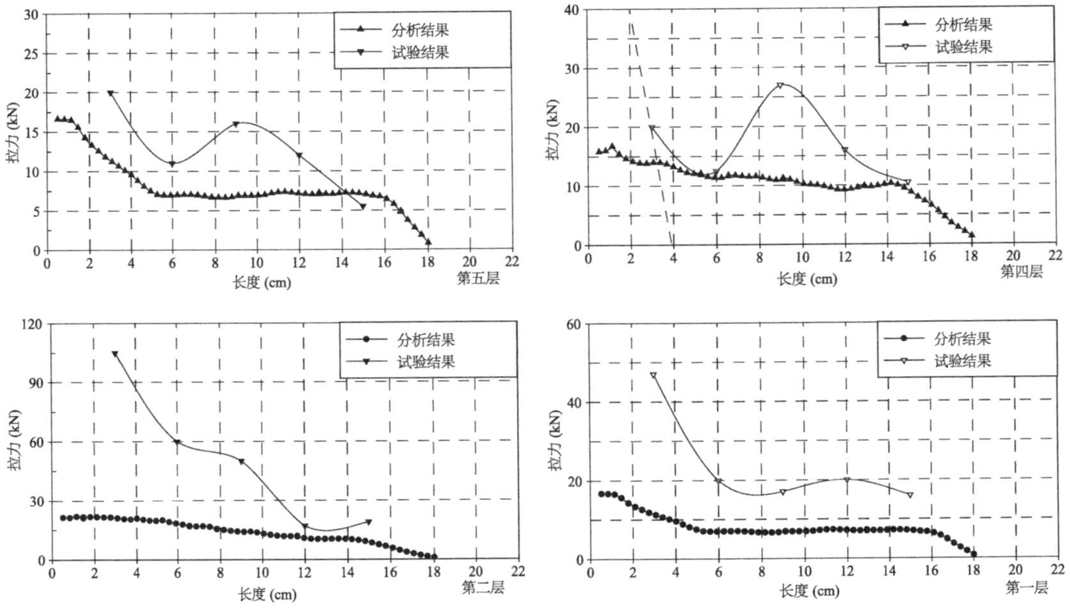

图 5-16　试验结果和有限元分析结果比较（一）

（a）固定型连接，30g 水平

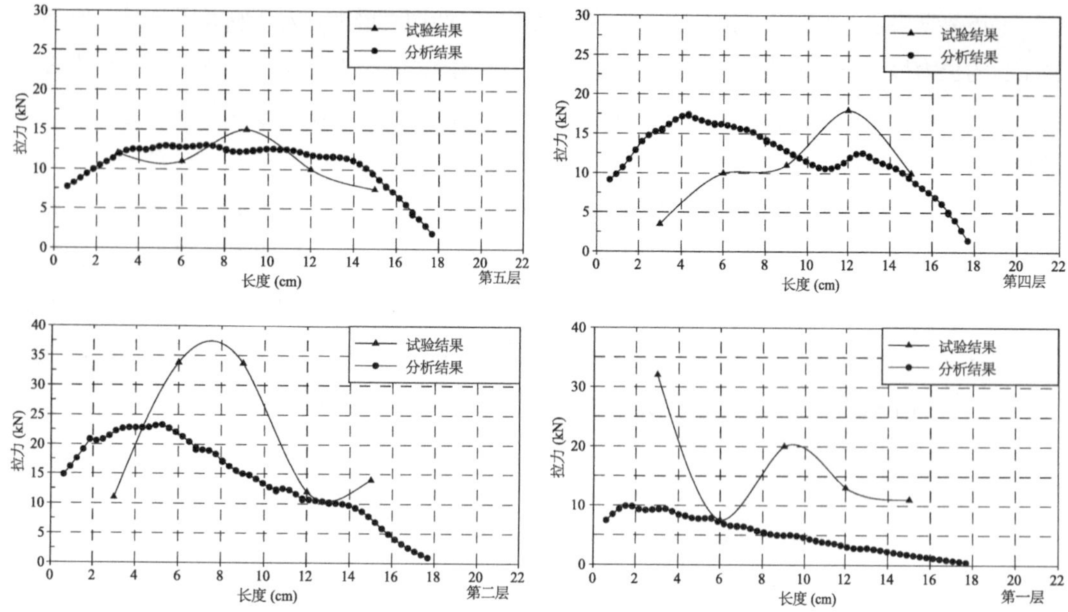

（*b*）

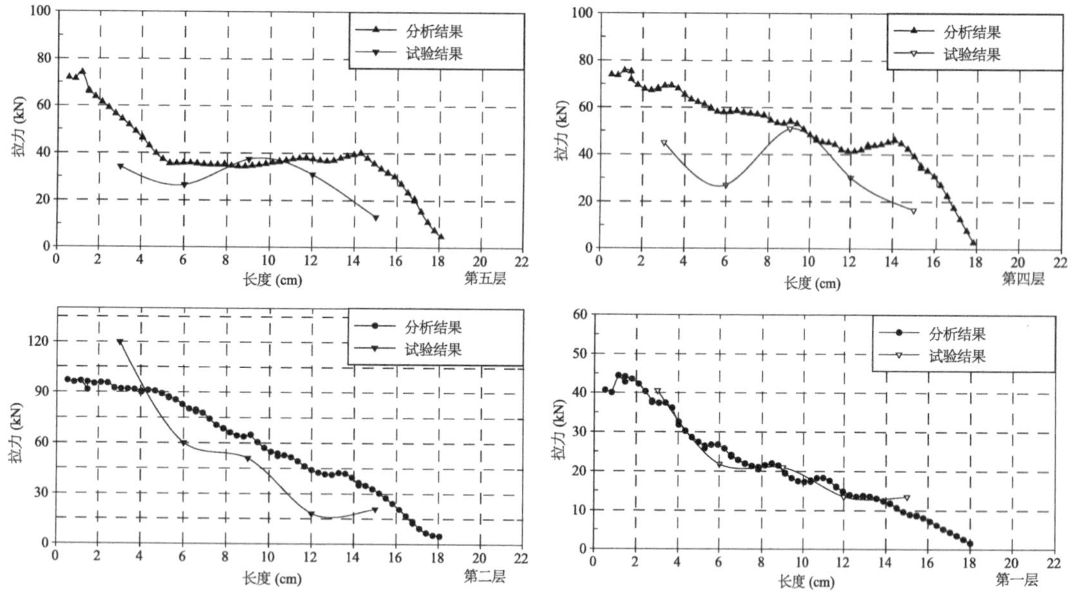

（*c*）

图 5-16　试验结果和有限元分析结果比较（二）

（*b*）移动型连接，30*g* 水平；（*c*）固定型连接，40*g* 水平

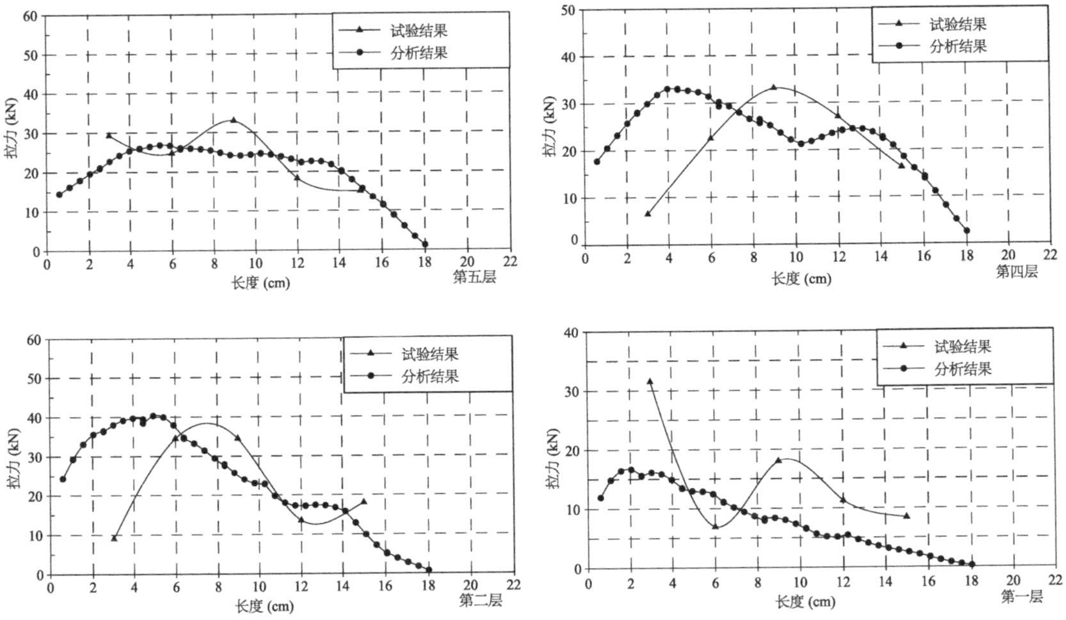

（d）

图 5-16 试验结果和有限元分析结果比较（三）

（d）移动型连接，40g 水平

2. 拉力比

为了详细评估有限元分析模型中连接类型的改变对加筋拉力的影响，引入拉力比参数，其定义式如表 5-13 中列出的公式；相应于加速度值 30g 和 40g 有限元模型的计算结果见表 5-13，并以图 5-17 表示。

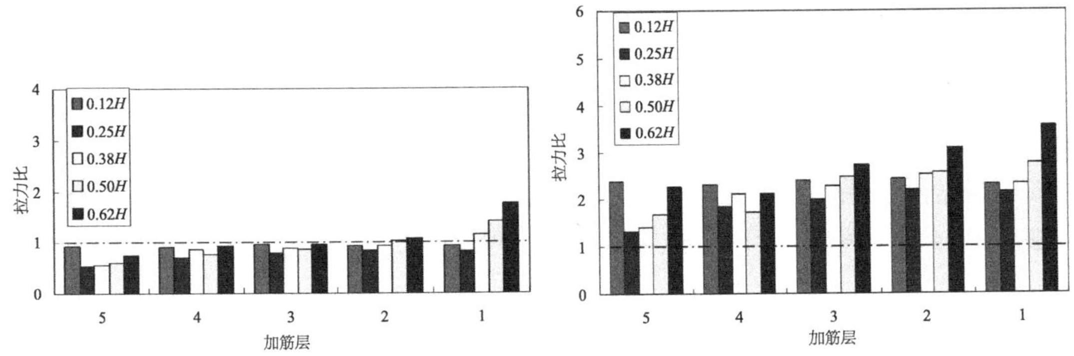

（a）   （b）

图 5-17 加筋拉力比

（a）30g 水平；（b）40g 水平

根据图 5-17（a）和表 5-13 可以看到：对应于加速度值 30g 模型，在第五、第四、第三、第一层加筋，从 0.12H ~ 0.62H 范围内，拉力比都小于 1，而仅在连接处拉力比大于 1，详见

表 5-13。所以我们可以说对应 30g 创建的模型，连接类型改变只对位于连接处的拉力变化影响最大。

根据图 5-17（b）和表 5-13，我们观察到：对应于加速度值 40g 所创建的模型，在第五、四、三、二、一层加筋内，所有拉力比都大于 1，最大比值发生在 0.12H 处（详见表 4-15），而且自该点开始向右拉力比离面板越远越大。也就是说，采用移动型连接方式后，加筋层的整体拉力值都有所减小，最大拉力减小发生在 0.12H 处，且减小幅度距面板越远而略有增大。与加速度值 30g 对应的有限元分析结果有所不同。

拉力比（数值） 表 5-13

	拉力比（%）											
	连接处		0.12H		0.25H		0.38H		0.50H		0.62H	
	30g	40g	30g	40g	30g	40g	30g	40g	30g	40g	30g	40g
第五层	2.16	2.05	0.94	2.39	0.54	1.34	0.56	1.43	0.61	1.68	0.74	2.27
第四层	1.73	2.12	0.91	2.32	0.70	1.85	0.86	2.14	0.77	1.72	0.93	2.12
第三层	1.42	2.18	0.95	2.42	0.80	2.01	0.88	2.29	0.87	2.46	0.96	2.74
第二层	1.44	2.28	0.94	2.42	0.83	2.18	0.87	2.53	1.02	2.57	1.07	3.08
第一层	1.40	2.88	0.95	2.32	0.82	2.15	0.96	2.33	1.41	2.74	1.75	3.55

注：$R_{AFM} = \dfrac{F_{AFixed}}{F_{AMoving}}$

通过以上分析可以发现，将连接方式由固定型改变为移动型，可以明显降低各加筋层的加筋内的拉力。在对应加速度值 30g 时创建的模型，改变加筋连接类型明显降低了邻近面板区域即连接部分加筋的轴向拉力；在对应加速度值 40g 时创建的模型，加筋连接类型的改变，影响到加筋长度方向的所有区域。这可能是由于加筋和面板之间设置滑动支座，导致加筋能在回填沉降时随之一起向下运动，然后轴向变形减小，加筋内的轴向拉力也明显降低。

综合上述分析，本研究发现：连接类型的改变对加筋层内的加筋拉力大小和分布有显著影响，尤其是在面板（连接）附近区域；数值解析得到的拉力分布曲线的变化趋势与离心模型试验得到的结果有显著的一致性，尤其是在加速度值为 40g 时。随着加筋内最大拉伸力的减小，加筋土挡墙结构的抗力和稳定性会直接提高，能够使结构提供显著的抵抗破坏能力和承载力。

6 总结与展望

本研究详细描述、分析了使用刚性面板和带状加筋的加筋土挡墙的离心模型试验和 PLAXIS 有限元分析结果。研究的主要目的是：探明挡土面板抗弯刚度变化、加筋连接形式的改变对墙体各项性能的影响。

6.1 总结

6.1.1 基于离心模型试验

（1）增加挡土面板的抗弯刚度会降低加筋体表面的沉降和挡土面板的侧向位移，从而可以提高挡土墙抵抗静态和动态荷载的能力。试验清楚地观察到抗弯刚度对面板上最大横向位移位置的影响，即随着面板抗弯刚度的增加，最大横向位移位置从大约 $0.3H$ 向上移动到 $1.0H$；但对加筋土基础表面沉降模式的影响，没有观察到相应沉降最大值在加筋土表面的移动规律。

（2）两种加筋连接类型的试验模型，所有侧向变形—加速度变形曲线上都存在"拐点"。自拐点开始直到模型发生破坏，变形曲线变得更陡峭。换句话说，当超过一定的加速度值后，横向位移增速加快。

（3）发生在移动型连接模型上的无论是垂直位移（沉降）还是横向位移，都比固定型连接的更大。但这种现象不希望在工程设计和实际施工过程中发生。

（4）通过将连接方式由固定型改变为移动型，或者随着面板抗弯刚度（厚度）的增加，破坏面的位置略微向右和向下扩展，但在所有试验条件下，均未观察到上述改变对破坏面倾角和破坏面形状的影响。

（5）当加速度值增加时，模型各加筋层中的加筋所受拉力增加。对于移动型连接的每层加筋中，加筋所受的拉力峰值发生在加筋土体内，且水平方向上距离面板较远；而固定型连接加筋所受的拉力峰值发生在靠近面板区域，即加筋与面板连接部位。改变连接类型对加筋内拉力的影响较大，尤其在加筋与面板连接部位影响显著；使用移动型连接，可以减小加筋内的最大拉力，因此提高了挡土墙的抗破坏能力。

（6）模型的破坏加速度值不仅随着面板抗弯刚度的增加而增加，而且随着连接方式由固定型改变为移动型而增加。表明在相同的材料、施工条件和边界条件下建造的加筋土挡墙，面板抗弯刚度在合理的范围内增加，可以建造更高的挡墙。对移动型连接更是如此。

6.1.2 基于有限元分析模型

（1）其他条件相同时，连接类型由固定型改变为移动型使得挡墙面板的侧向位移和加筋土的垂直位移（沉降）值增加。

（2）随着面板抗弯刚度的增加，有限元模型的垂直位移和侧向位移都减小，且挡土面板最大横向位移位置随着刚度的增加向上移动；但没有发现面板刚度对基础表面沉降形式的影响。

（3）加筋采用移动型连接，与固定型连接相比，连接区加筋拉力值明显降低；并且，在加速度值为 40g 对应的数值模型中，加筋层长度范围内采用移动型连接的加筋拉力比固定型连接的明显降低。

（4）比较了离心模型试验和有限元分析模型结果，二者具有高度的一致性，但也存在一定的差异。产生差异的原因主要可能是由于二者的边界条件以及施工条件造成的，这些条件影响了加筋土挡墙系统的位移和力学特性。

总之，试验和数值解析结果，清楚地表明了加筋连接类型和挡土面板抗弯刚度对连续挡土面板和加筋土挡墙系统的影响。

一般来讲，当加筋间距合适且连接强度足够高时，系统可以承受更高的载荷和更小的位移。本研究的主要目的是评价加筋连接类型和面板抗弯刚度对墙体行为的影响，旨在评估和量化这些影响，以提高模型的抗破坏能力。研究发现，通过将固定型连接改为移动型连接或通过增加面板抗弯刚度，可以提高挡土墙的抗破坏能力；模型破坏面向右、向下扩展，破坏加速度提高。当挡土面板刚度增强时，侧向和竖向位移减小；但当使用移动连接时，相对于固定型连接位移值增加。但我们不希望在工程设计和现场建筑中发生位移增加超过预期值的事件发生。

6.2 展望

加筋土的加筋机理和加筋挡土墙的工作原理是比较复杂的，考虑影响加筋挡土墙的所有因素，设计相应的模型试验方案和创建对应的有限元分析模型，准确反映和计算加筋土挡墙的受力和变形有很大的困难，由于作者的水平有限，再加上时间和条件的限制，本文存在许多不完善的地方，值得今后进一步深入地分析和研究。

（1）加筋土的工作机理是一个很复杂的课题，尽管本文采用离心模型试验，但试验模型制备、其他试验获取的有关填料、加筋的数据并不能完全真实、准确地反映实际工程中加筋土挡墙的工作性状。

（2）关于加筋土挡墙变形的分析、计算和控制是今后加筋土挡墙设计和计算理论研究的一个重要课题。目前，对于加筋土挡墙变形影响的因素进行了很多定性的讨论和研究，但还没有定量分析变形的合理控制范围以及以此为基础的设计理论方法。对于加筋土挡墙变形的计算，多用有限元方法进行计算，还没有很好的理论推导公式。

（3）由于时间和试验条件的限制，本文不可能对各类加筋材料和填料以及各种影响因素进行详细的分析和考虑，为验证和量化各种参数对加筋土挡墙诸多性能的影响，并解决移动型连接模型的不利影响，必须进一步进行大比例室外试验，或进行更多的离心试验，再结合有限元分析技术对试验结果进行验证。

总之，对加筋土挡墙的研究仍然很不成熟，许多问题值得进一步深入地研究和分析，需要经过长期不懈的努力，推动加筋土挡墙结构在工程领域更广泛地推广和使用。

参考文献

[1] 김준석, 이상덕. 전면부 변형형태에 따른 보강토 벽체 구조물의 파괴거동에 관한 연구 [J]. 한국 지반공학회 논문집, 1999,5 (4): 167-173.

[2] 김진만, 조삼덕, 이정재, 백영식. 블록형 보강토 옹벽의 토압 특성 연구 [J]. 국 지반공학회 논문집, 2004,20 (1): 83-90.

[3] 김진만, 조삼덕, 오세용, 이대영, 백영식. 보강토 옹벽 전면블록의 마찰특성 평가 [J]. 한국 지반공학회 논문집, 2004,21 (1): 51-58.

[4] 김홍택, 이은수, 송병웅. 섬유 보강토 벽체의 인장력 평가 및 변형예측 [J]. 한국지반공학회지, 1996,12 (4): 157-176.

[5] 보강기술. 전면블록과 토목섬유 보강재를 병용한 분리형 보강토옹벽 공법 [Z], 1999.

[6] 성균관대학교 토목공학과 지반연구실. RECO 블럭식 보강토 옹벽의 적용성 연구 [Z], 1998.

[7] 유남재, 김영길. 보강재 절단에 의한 보강토옹벽의 파괴에 관한 원심모형실험 [J]. 대한토목학회논 문집, 1992, 12 (2): 161-167.

[8] 임유진, 정종홍, 박영호. 전면벽 및 축조순서가 보강토 옹벽의 안정성에 미치는 영향 [J]. 한국 지반공학회 논문집, 2004, 20 (7): 119-126.

[9] 이처근. 원심 및 수치모델링에 의한 화강토 지반상 Diaphragm Wall 의 거동 [J]. 충북대학교 대학원 박사학위논문, 2001: 70-90.

[10] Adib M., Mitchell J.K., Christopher B. Finite Element Modeling of Reinforced Soil Walls and Embankments[J]//Design and Performance of Earth Retaining Structure, ASCE Geotech. Special Publication, 1990 (25): 409-423.

[11] Alemi M.H., Nielsen D.R., Bigga J.W.Determining the Hydraulic Conductivity of Soil Cores by Centrifugation[J].Soil Sci. Soc. Amer. Jo., 1976 (40): 212–218.

[12] Al-Hussaini M.M.,Johnson L.D.Finite Element Analysis of a Reinforced Earth Wall[Z].Technical Report S-77, Soils and Pavements Design Laboratory, U.S. Army Engineer Waterways Station, Vicksburg, Miss,1977.

[13] Al-Hussaini M.M.,Johnson L.D.Numerical Analysis of Reinforced Earth Wall[Z]. Proc. ASCE Symp. Earth Reinforcement, Pittsburgh, 1978: 98-126.

[14] American Association of State Highways and Transportation Officials (AASHTO). Standard Specifications for Highway Bridges, with 1998 Interims[M].Sixteenth, ed. Washington, DC.American Association of State Highway and Transportation Officials, 1996.

[15] Arulanandan K., Thompson P.Y., Kutter B.L., Meegoda N.J., Muraleetharan K.K., Yogachandran C. Centrifuge Modeling of Transport Processes for Pollutions in Soils[J]. ASCE, J. Geotech. Eng, 1998, 114 (2): 185-205.

[16] Bathurst, Jarrett and Associates Inc.Report on Results of Pisa II Block Unit Interface Shear Capacity

[17] Bear J.Dynamics of Fluids in Porous Media[M].New York: American Elsevier, 1972: 145-186.

[18] Bolton D., Lau C.K. Scale Effects Arising from Particle Size[Z].Centrifuge, 1988.

[19] Boyle S.R. Deformation Prediction of Geosynthetic Reinforced Soil Retaining Walls[M].Seattle: Ph.D. Dissertation, University of Washington, 1995: 391.

[20] British Standards Institution.Code of Practice for Strengthened/Reinforced Soils and other Fills[S]. London: BSI, 1995: 156.

[21] Brito A.M., Gunn M.J. Critical State Soil Mechanics via Finite Elements[J].Ellis Horwood, 1987: 488.

[22] Chang J.C., Hannon J.B., Forsyth R.A. Pull Resistance and Interaction of Earthwork Reinforcement and Soil[Z]. Washington, D.C.: Transportation Research Board Record No.640, Transportation Research Board, National Research Council, 1977: 1-7.

[23] Clough G.W., Duncan J.M. Finite Element Analysis of Retaining Wall Behavior[J].J. of Soil Mech. and Found. Eng'g. Div., ASCE, 1971, 97 (SM12): 1657-1673.

[24] Cooke A.B., Mitchell R.J. Evaluation of Contaminant Transport in Partially Saturated Soils[M].Boulder, Balkema, Rotterdam: Centrifuge 91,1991: 503-508.

[25] Costalonga M.A.R.Geogrid Pull-out Tests in Clay[M].Alberta: Master of Science Thesis, Department of Civil Engineering, University of Alberta, 1988: 211.

[26] Coyne M.A.Murs de Soutènement et Murs de Quai à Échelle[J].Le Génie Civil, Tome. XCI, 1927 (16).

[27] Coyne M.A.Murs de Soutènement et Murs de Quai à Échelle[J].Extrait du Génie Civil, 1945: 1-15.

[28] Craig W.H. Partial Similarity in Centrifuge Models of Offshore Platforms[Z].Proc. 4th Canadian Conf. Marine Geotechnical Engineering, St. Johns, Newfoundland, Vol. 3, C-CORE, Memorial University of Newfoundland, 1993: 1044-1061.

[29] Culligan-Hensley P.J., Savvidou C.Environmental Geotechnics and Transport Processes[J].Geotechnical Centrifuge Technology, R. N. Taylor, 1995.

[30] Desai C.S., Zaman M.M., Lightner J.G., Siriwardane H. J. Thin Layer Element for Interface and Joints[J]. Int. J. for Numerical Analytical Method in Geomechanics,1984,8: 19-43.

[31] Duncan J.M., Chang C.Y.Non-linear Analysis of Stress and Strain in Soils[J].J. of Soil Mech. And Found. Eng. Div., ASCE,1970,96 (5): 1629-1653.

[32] Duncan J.M., Byrne P., Wong K.S., Mabry P. Strength, Stress-stain and Bulk Modulus Parameters for Finite Element Analysis of Stresses and Movements in Soil[J].Geotech. Eng'g. Report, 1980.

[33] Fannin R.J., Raju D.M.On the Pull-out Resistance of Geosynthetics[J]. Canadian Geotechnical Journal 30-3, 1993: 409-417.

[34] Forsyth R.A.Alternate Earth Reinforcements[J].Proceedings, Symposium on Earth Reinforcement, American Society of Civil Engineers, 1979: 358-370.

[35] Fuglsang L.D.,Ovesen N.K.The Application of the Theory of Modeling to Centrifuge Studies[J].

Centrifuges in Soil Mechanics,1988: 119-138.

[36] Gens A., Carol I., Alonso E.E. An Interface Element Formulation for the Analysis of Soil Structure Interaction[J]. Computer and Geotechnics,1990,9: 3-20.

[37] Goforth G.F., Townsend F.C., Bloomquist D.Saturated and Unsaturated Fluid Flow in a Centrifuge[C]. Centrifuge 91. Proceedings of the International Conference on Centrifuge Modeling, 1991: 497–502.

[38] Goodman R.R., Taylor R.L.,Brekke T.L.A Model of the Mechanics of Joint Rock[J]. Soil Mech. and Found. Eng'g .Div. ,ASCE,1968,94: 637-659.

[39] Harrison W.J., Gerrard C.M. Elastic Theory Applied to Reinforced Earth[J].Journal of the Soil Mechanics and Foundations Division of the American Society of Civil Engineers ,1972 (SM12): 98.

[40] Hausmann M.R.Strength of Reinforced Soil[C]. Proceedings of the 8th Australian Road Research Conference, Melbourne, 1976,8: 1-8.

[41] Hausmann M.R.,Lee K. L.Strength Characteristics of Reinforced Soil[C]. Proceedings of the International Symposium on New Horizons in Construction Materials, Lehigh, 1976,1: 165-176.

[42] Hausmann M.R.Engineering Principles of Ground Modification[M].Mc Graw-Hill, 1990:632.

[43] Hensley P.J., Savvidou C.Modeling Coupled Heat and Contaminant Transport in Groundwater[J].Int. J. for Numerical and Analytical Method and in Geomechanics, 1993,7:493-527.

[44] Hermann L.R.User's Manual for REA(General Two Dimensional Soils and Reinforced Earth Analysis Program)[M].Davis: Univ. of California, 1978.

[45] Hermann L.R.,Al-Yassin Z. Numerical Analysis of Reinforced Earth Systems[M].ASCE Symp. Earth Reinforcement,1978:428-457.

[46] Ingold T.S.Reinforced Earth[M].London:Thomas Telford,1982:141.

[47] Jewell R.A. Some Effects of Reinforcement on the Mechanical Behavior of Soils[D].Ph.D. Thesis, University of Cambridge,1980.

[48] Jones C.J.F.P.Earth Reinforcement and Soil Structures[M].Thomas Telford, 1997:379.

[49] Jones C.J.F.P.,Templeman J. Soil Structures Using High Tensile Plastic Grids (Tailed Gabions)[J].UK Patent, 1979:627-794.

[50] Juran I.,Schlosser F.Theoretical Analysis of Failure in Reinforced Earth Structures[C].Proc. ASCE Symp. Earth Reinforcemen,1978:528-555.

[51] Juran I.,et al.Soil Improvement Methods for Reinforcing Foundation Soils[J].Part 1, International Journal of Numerical Analytical Methods in Geomechanics ,1988,11:144-155.

[52] Kerisel J. History of Retaining Wall Designs[C].Proceeding of Conference of Retaining Structures, 1992:1-16.

[53] Ko H-Y.Summary of the State-of-the-Art in Centrifuge Model Testing[J].Centrifuge in Soil Mechanics, 1988:11-18.

[54] Kondner R.L.,Zelasko J.S.A Hyperbolic Stress-Strain Formulation for Sands[C].Proc.2nd Pan American

Conf. on Soil Mech. and Found Engineering, 1963:289-324.

[55] Krieger J.,Thamm B.R.Studies of Failure Mechanisms and Design Methods for Geotextile Reinforced Soil Walls[Z].Geotextiles and Geomembranes 10, Abstract | Abstract + References | PDF (545 K) | View Record in Scopus | Cited By in Scopus,1991:53–63.

[56] Lee K.L., Adams B.D.,Vagneron J.J.Reinforced Earth Retaining Walls[J].Soil Mech. and Found.Eng'g. Div.,ASCE,1973,99(SM10).

[57] Matsuo O., Tsutsumi T., Yokoyama K.,Saito Y.Shaking Table Tests and Analysis of Geosynthetic Reinforced Soil Retaining Walls[J].Geosynthetics International 5 (1–2), 1998:97–126.

[58] Mitchell J.K.,Lillet W.C.B.Reinforcement of Earth Slopes and Embankments[Z].National Cooperative Highway Research Program Report 290, Trans. Research Board, National Research Council,1987.

[59] Murray R.T. Research at TRRL to Develop Design Criteria for Reinforced Earth[R].Symp. Reinforced Earth and other Composite Soil Techniques, Heriot-Watt University , TRRL Supplementary Report,1977:457.

[60] Murray R.T. Fabric Reinforcement of Embankments and Cuttings[C].Proc.2nd Int. Conf. Geotextiles, 1982,3:707-713.

[61] Murray R.T., Wrightman J.,Burt A.Use of Fabric Reinforcement for Reinstating in Situ Slopes[R].TRRL Supplementary Report,1982:751.

[62] Ovesen N.K.The Scaling Law Relationship-Panel Discussion[C].Proc.7th European Conf. on Soil Mech. and Foundation Eng.g, 1979,4:319-323.

[63] Palmeira E.M.,Milligan G. W. E.Scale and Other Factors Affecting the Results of Pullout Tests of Grids Buried in Sand[J].Geotechnique, 1989,39(3):511-524.

[64] Pasley C.W. Experiments on Revetments[J]. Murray, 1822,2.

[65] Romstad K.M., Herrmann L.R., Shen C.K.Integrated Study of Reinforced Earth–1: Theoretical Formulation[J].ASCE J. Geotech. Eng. Div.,1976,102(GT5):457-471.

[66] Roscoe K.H.,Burland J.B.On the Generalized Stress-Strain Behavior of Wet Clays[M].Cambridge:Proc. Eng'g. Plasticity, Cambridge Univ. Press, 1968:535-609.

[67] Schlosser F.,Vidal H.Reinforcing Earth below Footings and Embankments[C].Proc. ASCE Symp. Earth Reinforcement, 1969:202-231.

[68] Schlosser F.,Long N.C.La Terre Armee dans L' Echageur de Sete[J].Revue Generale des Rates et des Aerodromes, 1972:480.

[69] Schlosser F.Experience on Reinforced Earth in France[R].Symp. Reinforced Earth and other Composite Soil Techniques, Heriot-Watt University, TRRL Supplementary Report ,1978:457.

[70] Schlosser F.,Elias V.Friction in Reinforced Earth[C].Proc. ASCE Symp. Earth Reinforcement, 1978:735-763.

[71] Schmertmann G.R., Cnew S.H.,Mitchel J.K.Finite Element Modeling of Reinforced Soil Walls Behavior[J].Geotech. Eng'g. Report, 1989.

[72] Schofield A.N.Use of Centrifuge Model Testing to Assess Slope Stability[J].Canadian Geotechnical Journal, 1978,15:14-31.

[73] Schofield A.N.Cambridge Geotechnical Centrifuge Operations[J].Geotechnique,1980,20: 227-268.

[74] Singh H.Behavior of Eccentrically Loaded Footings on Reinforced Earth Slab[D]. Roorkee:M. E. Thesis, University of Roorkee, 1984.

[75] Sridharan A., Srinivasa Murthy B.R., Bindumadhava F.,Vasudervan A.K. Reinforced Soil Foundation on Soft Soil[C].Proceedings of the 1st Indian Geotextiles Conference, 1988:53-60.

[76] Tatsuoka F., et al. Progressive Failure and Particle Size Effect in Bearing Capacity of a Footing in Sand[C]. ASCE, Geotechnical Engineering Congress 1991,1991:788-802.

[77] Vidal H.Diffusion Restpeinte de la Terre Armée[Z].London:Patent Office, 1963.

[78] Vidal H.La Terre Armée[M]. Annales de L'Institut Technique du Bátiment et des Travaux Publics,1966:223-224.

[79] Vidal H.La Terre Armée (Réalisations Récentes)[M].Annales de L'Institut Technique du Bátiment et des Travaux Publics,1969a:259-260.

[80] Vidal H.The Principle of Reinforced Earth[Z].Highway Research Record, 1969 b (282):1-16.

[81] Walkinshaw J.L.Reinforced Earth Construction[Z].Dept. of Transportation FHWA Region 15. Demonstration Project , 1975(18).

[82] Watanabe S.,Iwasaki K.Reinforcement of Railway Embankments in Japan[C].Proc. ASCE Spring Convention, 1978.

[83] Wong K.S.,Duncan J.M.Hyperbolic Stress-Strain Parameters for Nonlinear Finite Element Analysis of Stresses and Movements in Soil Masses[J].National Science Foundation,1974:90 .

[84] Yamamoto K.Strengthening of Embankment Slopes with Nets[R].Annual Report, Morioka Construction Bureau, JNR, 1966:66-68.

[85] Yamanouchi T.Structural Effect of Restrained Layer on Sub-Grade of Low Bearing Capacity in Flexible Pavements[Z].Proc. 2nd Int. Conf. Structural Design of Asphbalt Pavements, Ann Arbor, 1967:381-389.

[86] Yang Z.Strength and Displacement Characteristics of Reinforced Sand[D].Ph.D. Dissertation, University of California at Los Angeles, 1972: 236.

[87] Yano K., Watari Y.,Yamanouchi T. Earthworks over Soft Clay Using Rope-knotted Fabrics[Z]. Bangkok:Proc. Symp. on Recent Developments in Ground Techniques, 1982:225-237.

[88] Zienkiewicz O.C., Best B., Dullage C.,Stagg K.G.Analysis of Nonlinear Problems with Particular Reference to Jointed Rock Systems[Z].Belgrade:Proc. 2nd Int. Conf. Society of Rock Mechanics, 1970,3:501-509.

[89] R.Kerry Rowe, Graeme D.,Skinner. Numerical Analysis of Geosynthofic Reinforced Retaining Wall Constructed on a Layered Soil Foundation[J]. Geotextiles and Geomembranes,2001(19): 387-412.

[90] Palmeieira E.M.,Geomes R.C.Comparisom of Predicated and Observed Failure Mechanisms in Model Reinforced Soil Walls[J].Geosynthetics Intemafiomd，1996，3(3):329-347.